KB234252

삶이 흔들릴 때,
인도

삶이 흔들릴 때,
인도

초판 1쇄 인쇄일 2017년 2월 20일
초판 1쇄 발행일 2017년 2월 27일

지은이 박재현
펴낸이 양옥매
디자인 이수지
교　정 조준경

펴낸곳 도서출판 책과나무
출판등록 제2012-000376
주소 서울특별시 마포구 방울내로 79 이노빌딩 302호
대표전화 02.372.1537　팩스 02.372.1538
이메일 booknamu2007@naver.com
홈페이지 www.booknamu.com
ISBN 979-11-5776-392-4 (03910)

이 도서의 국립중앙도서관 출판시도서목록(CIP)은 서지정보유통지원 시스템
홈페이지(http://seoji.nl.go.kr)와 국가자료공동목록시스템
(http://www.nl.go.kr/kolisnet)에서 이용하실 수 있습니다.
(CIP제어번호: CIP2017003872)

삶이 흔들릴 때, 인도

Travel to India

나를 만나러 혼자 떠난 사십오일 간의 배낭 여행

글·사진 박재현

삶이 흔들릴 때, 인도

Travel to India

차
례

PART 1. **ALONE**

PART 2. **TRAVELER**

INDIA

프롤로그

내일, 오늘과 다르지 않다면
짐을 꾸릴 때

내가 인도로 배낭여행을 떠나기로 결심한 이유는 삶의 긴장감이 사라지고 있어서였다. 퇴직 후에도 현직 때와 같은 생활 리듬을 유지하려고 노력해왔는데, 언젠가부터 점점 그 노력이 잦아들기 시작했고 생활이 풀어진 운동화 끈처럼 느슨해지기 시작했다. 아무 일도 없이 하루가 흘러가기 시작했고, 너무 빠르고 쉽게 지나가고 있었다. 오늘이 어제와 다르지 않았고, 오늘과 다르지 않을 게 뻔한 내일이 오늘 뒤에서 기다리고 있었다. 하루하루가 새로 산 바지의 기장처럼 잘라내도 상관없을 듯 의미 없이 길게 늘어서 있었다. 마치 세상의 중심이 나에게서 다른 곳으로 벗어나 버린 것 같았고, 다시 제 자리로 돌아가는 일은 힘들 것 같았다. 긴장할 일을 찾아야겠다고 느낄 즈음에 내 고민을 눈치 챘는지 어쨌는지 술자리에서 어느 선배가 말을 꺼낸 것이 인도 배낭여행이었다. 나는 그 자리에서 별 고민 없이 결정을 내렸고, 그날 저녁 아내도 흔쾌히 동의를 해줬다.

정작 고민은 그 다음날부터 시작되었다. 소설 〈연금술사〉의 한 구절처럼 '결정은 단지 시작일 뿐'이었다. 배낭여행을 몇 차례 해보긴 했지만 길어야 보름 내외가 고작이었고 항상 가족과 함께였었다. 그동안 딸아이가 여행 계획도 짰고 예약도 딸아이가 마쳤고 가이드도 도맡아 했으니, 사실 내 입장에서는 무늬만 배낭여행이었던 셈이었다. 배낭만 맸다 뿐이지 가이드가 딸린 여행이나 다름이 없었다. 낯선 곳이라서 긴장할 일도, 낯선 일이라서 두려워할 일도 없었다. 단체 여행객들이 가이드가 든 깃발을 따라 움직이는 것처럼 내 여행의 동선도 딸아이의 발자국을 벗어나지 않았다. 그런 내가 45일이라는 짧지 않은 기간을, 그것도 혼자, 배낭여행의 성지라고 알려진 인도를 무사히 여행할 수 있을까 걱정이 되기 시작했다.

내가 아는 어느 여성은 체력도 정신력도 성격도 강해서 같은 여행자들 사이에서 '남자'로 불렸었다. 그런 그녀가 20일 일정으로 인도 여행을 갔다가 음식도 입에 맞지 않은데다 비위가 상해서 여행은 고사하고 보름 내내 라면으로 끼니를 때우며 귀국 날자만 기다리다가 초주검이 되어 귀국했다고 했다. 그녀가 '남자'로 불리는 동안 그녀 주변에는 강한 향신료 냄새가 섞인 음식도, 약한 비위를 자극할 환경도 없었던 것이었다. 인도를 다녀온 이후에도 계속 그녀가 '남자'로 불리고 있는지는 잘 모르겠지만 인도 여행이 '남자'로 의심받던 그녀의 정체성에 적지 않은 영향을 입힌 것은 분명해 보였다. 어쩌면 그녀는 인도 여행 덕분에 자신의 타고난 정체성을 되찾았을 게 분명해 보였다.

나는 그녀와 달리 추호도 정체성을 의심받지 않는 남자다. 나 역시 인도의 강한 냄새를 경험해보지 못했고 무엇보다도 거미줄보다 가늘고 약한 비위를 타고났다. 그런 내가 인도에 적응하지 못하고 중간에 포기하고 돌아온다면 나 역시 그녀처럼 남자라는 정체성에 상처를 입고 말 게 분명했다. 그녀는 본래의 정체성을 되찾으니 밑져야 본전이겠지만 나는 내 본래의 정체성을 잃고 마는 손해 보는 일이다.

낯선 여행지에 적응하지 못한다고 해서 성적 정체성을 부정당할 리 없고, 성적 정체성이야 설사 잃는다 한들 그리 억울할 나이도 아니긴 하지만 그런 나에게도 여전히 아버지의 정체성, 남편의 정체성이 상처받게 될지도 모른다는 걱정이 있긴 했다.

무슨 결정이든 결정을 내리기 전에는 망원경으로 보듯 하고 결정을 내린 후에는 현미경으로 보듯 하라는 말이 있다. 크게 보고 결정을 내려서 미세하고 보며 준비하란 뜻일 것이다. 결정은 대담하게 하고 대비는 꼼꼼하게 하란 뜻일 것이다. 그러나 담대함과 무모함은 이름을 확인해야 구분이 되는 일란성 쌍둥이처럼 가끔은 결과를 봐야 구분이 되는 것이다. 내가 내린 '45일간의 나 홀로 인도 배낭여행'이란 결정은 아무리 봐도 성급하고 무모해 보였다. 내 결정을 구성하고 있는 키워드인 '45일', '혼자', '인도', '배낭'이란 네 가지 색깔의 물감을 서로 섞어 놓으면 '무모함'이라는 다른 색깔이 만들어 질 것처럼 보였다. 각각의 단어가 마치 괴물의 세포처럼 다른 의미의 단어로 바뀌기 위해 제각각 꿈틀대고 있는 것처럼 보였다.

일본의 사진작가 〈후지와라 신야〉는 스물아홉에 인도를 여행하고 쓴 에세이 〈인도 방랑〉에서 자신이 한 인도 여행의 준비는 '버리기 그리고 준비하지 않기' 두 가지였다고 했다. 정보가 많을수록 안심은 커지지만 실상은 멀어진다고 했다. 인도여행을 결정하고 난 다음날부터 나는 인도 관련한 책을 읽기 시작했다. 나한테는 인도 배낭여행을 결정할 용기는 있어도 〈후지와라 신야〉처럼 준비 없이 떠날 용기는 없었다. 당시 스물아홉 살이었던 〈후지와라 신야〉와는 다르게 나는 이미 준비 없이 세상을 살아본 나이였다. 설사 내 피는 40여 년 전 〈후지와라 신야〉의 것처럼 여전히 뜨겁다할지라도, 가끔은 지난 세월을 '제대로 준비해서 잘 살았더라면 좋았을 것'이라는 후회를 하곤 하는 나이가 되어 버렸다.

준비를 할수록, 출발 날짜가 다가올수록 서로 균형을 맞추고 반대편에 있던 호기심과 기대감 그리고 불안감과 두려움의 팽팽했던 무게 밸런스가 무너져 내리기 시작했다. 만나는 사람들이 '대단한 결정'이라고 크게 격려해 줄수록 '무모한 결정', '해서는 안 되는 결정'이라고 더 크게 들려왔다. '레오나르도 다 빈치는 쉰 네 살에 〈모나리자〉를 완성했고, 구텐베르크는 쉰다섯 살에 인쇄술을 발견했고, 파스퇴르는 예순두 살에 광견병 백신을 개발했고, 프랭크 로이드 라이트는 뉴욕 구겐하임 미술관을 아흔한 살에 완성했고, 에펠탑 착공식을 한 날 구스타프 에펠의 나이는 쉰다섯 살이었다.' 늦은 나이에 꿈을 꾸는 사람들을 위로하고 격려하는 이런 글들이 자주 눈에 들어왔고, 그 글들은 늦은 나이에 시도되었던 무모한 일 중에 드물게 이루어진 몇 안 되는 예처럼 들렸다. 좀 더 일찍 시작했더라면 훨씬 쉽게 이루었을 테고 일찍 시작하지 못한 것을 아쉬워하는 글처럼 보였다. 정보가 많아질수록 나한테는 〈후지와라 신야〉와는 달리 '실상은 가까워지고 근심은 커져만' 갔다.

내가 인도로 가기로 했다고 했더니 주변 사람들의 반응이 다양했다. 대단한 결정을 했다며 격려해 주는 사람이 있는가 하면, 너무 멋진 결정이라며 그러지 못하는 자신을 탓하는 사람, 그 나이에 왜 고생을 사서 하려 하느냐며 안쓰러워하는 사람, 정신 나간 짓을 한다며 타박하는 사람 등등. 간혹은 이렇게 되묻는 사람도 있었다.

"왜, 차 안 가지고 나왔어?"

그런 반응들은 서로 다른 모습을 감추고 있었는데, 격려하고 부러워하지만 걱정하고 있었고, 타박하고 안쓰러워하지만 부러워하고 있었다. 내 주변 사람들의 반응에서 걱정과 부러움이 같이 존재하는 것처럼 내 가슴 속에도 무모함과 설렘이 균형을 이루고 같이 존재하고 있었다. 너무 과하면 이루어지지 않게 만드는 무모함과 너무 없으면 포기하게 되는 설렘이란 것이 적절히 조화를 이루고 있었다. 무모함과 두려움, 호기심과 설렘이라는 상반된 기능이 자동차 엔진의 4행정처럼 동력을 만들어서 가슴을 뛰게 하고 있었다. 인간을 만들 때 심장과 간을 조화롭게 배치한 조물주의 절묘한 신의 한 수 덕분이었다. 너무 과하거나 부족하지 않게, 너무 치우치거나 간섭하지 않게 균형을 맞추어서 배치하신 덕분이었다. 같은 쪽에 두면 한쪽으로 치우칠까봐,

같은 높이에 두면 같은 레벨이라고 쉽게 의기투합할까봐 간과 심장을
좌우상하에 대각선으로 배치하여 균형을 잡게 하신 덕분이었다. 무모
함과 설렘이 나를 인도로 보낼 수 있었던 것은 독일 의사이자 작가인
'에카르트 폰 히르슈하우젠'의 표현처럼 '심장은 왼쪽에서 뛰고 간은
오른쪽에서 부어있었기' 때문이었다.

ALONE

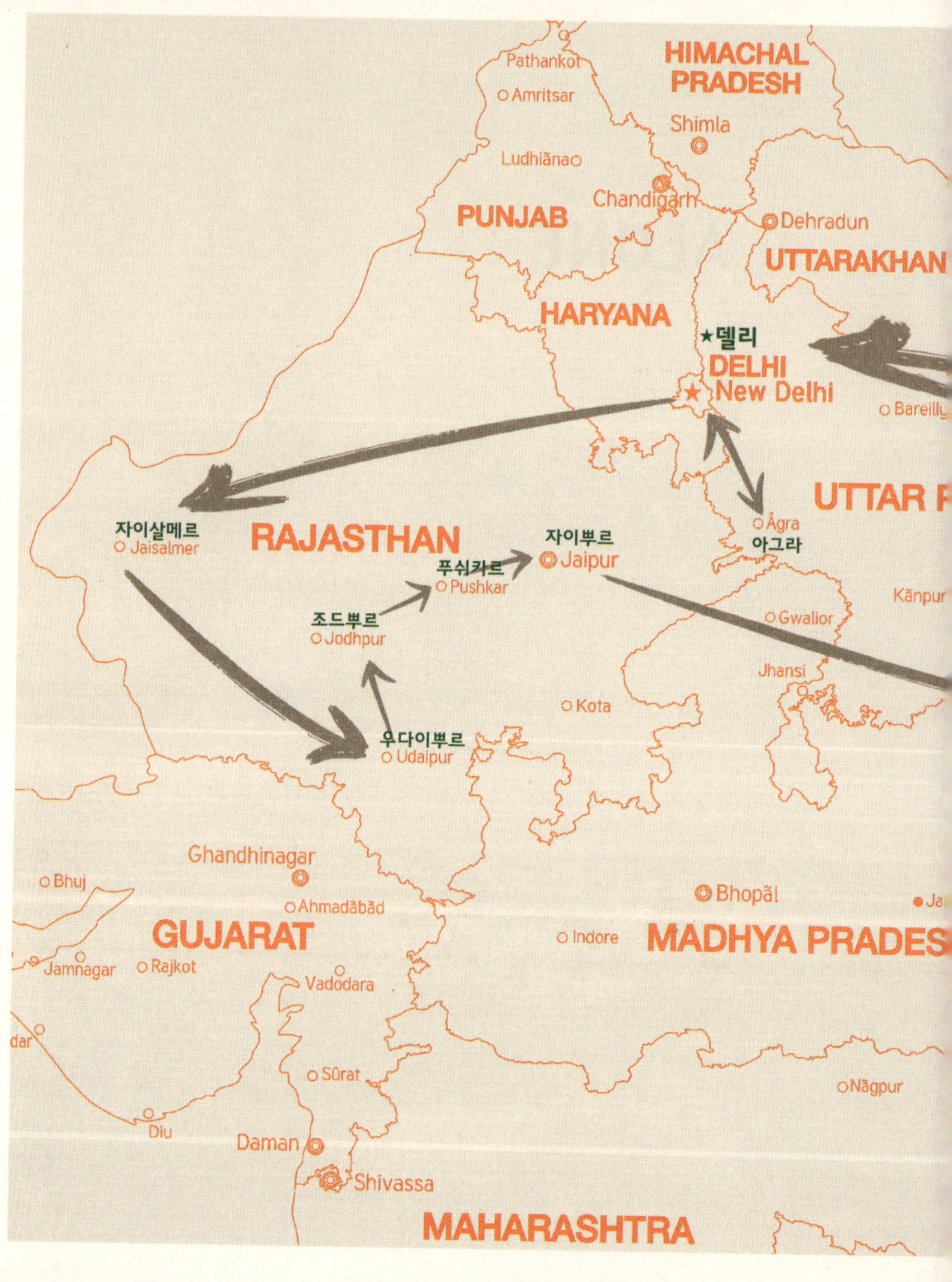

HIMACHAL PRADESH
Pathankot
Amritsar
Shimla
Ludhiāna
Chandigarh
PUNJAB
Dehradun
UTTARAKHAN
HARYANA
델리
DELHI
New Delhi
Bareilly
UTTAR P
Agra
아그라
RAJASTHAN
자이뿌르
Jaipur
자이살메르
Jaisalmer
푸쉬카르
Pushkar
Kānpur
조드뿌르
Jodhpur
Gwalior
Jhansi
Kota
우다이뿌르
Udaipur
Ghandhinagar
Bhuj
Bhopāl
Ja
Ahmadābād
GUJARAT
Indore
MADHYA PRADES
Jamnagar
Rajkot
Vadodara
dar
Sûrat
Nāgpur
Diu
Daman
Shivassa
MAHARASHTRA

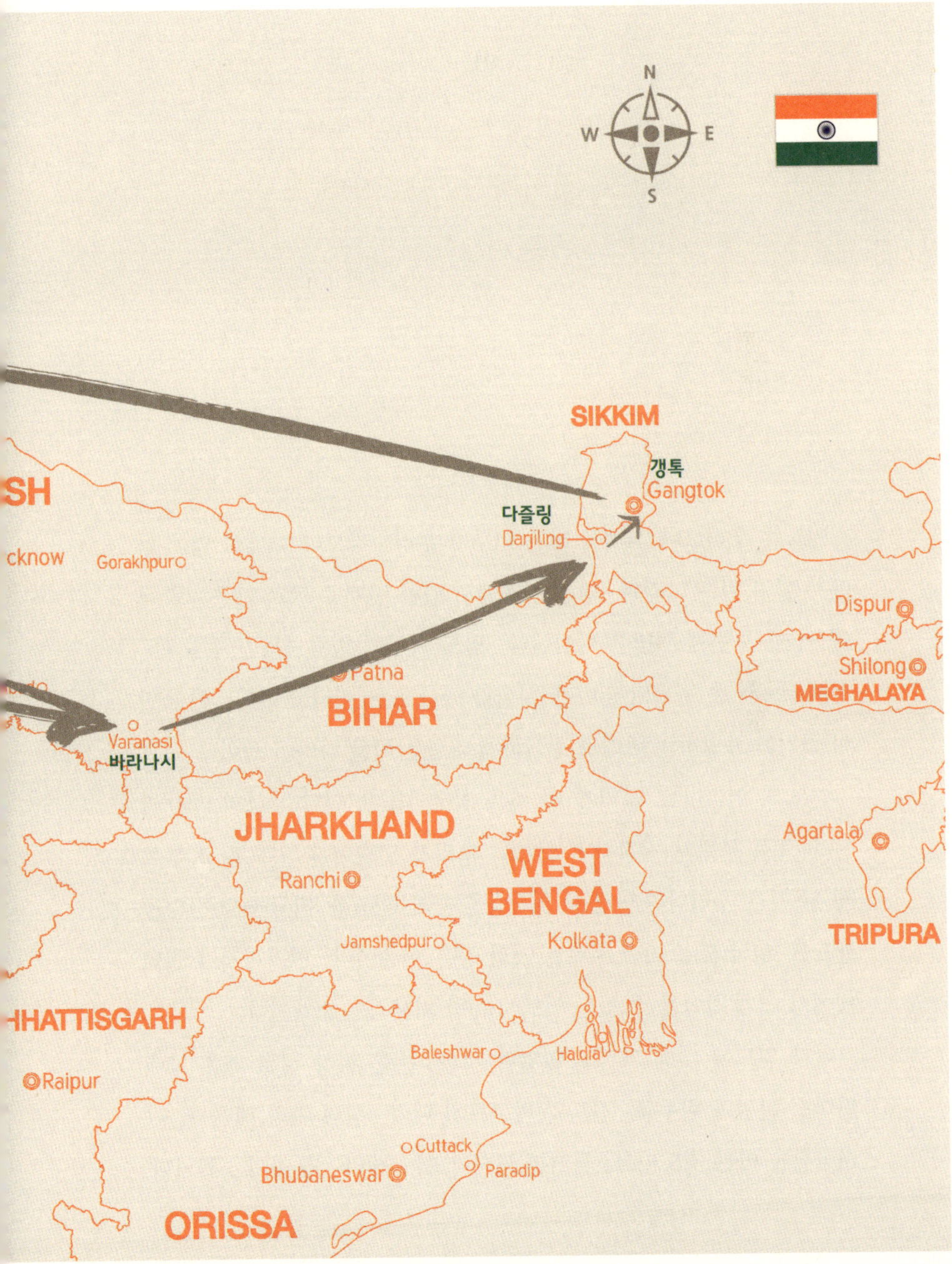

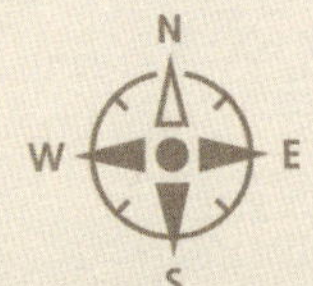

N
W E
S
SIKKIM
갱톡
Gangtok
다즐링
Darjiling
SH
cknow
Gorakhpur
Dispur
Shilong
MEGHALAYA
Patna
BIHAR
Varanasi
바라나시
JHARKHAND
Ranchi
WEST
BENGAL
Agartala
TRIPURA
Jamshedpur
Kolkata
HHATTISGARH
Baleshwar
Haldia
Raipur
Cuttack
Bhubaneswar
Paradip
ORISSA

01

내가 나에게 하는 이야기를
듣고 싶어서 인도로 간다

인도는, 우리보다 24배쯤 많은 인구가 우리나라보다 33배쯤 넓은 땅에서 살고 있는 나라다. 땅은 세계에서 일곱 번째로 크고 인구는 중국에 이어 두 번째로 많은 나라이다. 인도 국기의 바탕 3색인 주황색·흰색·녹색 중 녹색의 의미가 '성실과 다산(多産)'이라고 하니, 전 국민이 국기가 표방하는 바대로 성실하게 다산을 이룬 나라인 셈이다.

인도가 '인디아'로 불리게 된 것은 영국인들이 '인더스 강의 나라'라는 뜻으로 부르기 시작하면서였고, 우리가 인디아를 '인도'라고 부르게 된 것은 우리나라가 중국 표기법을 따라 USA를 '미국(美國)', 잉글랜드를 '영국(英國)'이라 부르는 것과 같은 이유이다. 여기까지가 인터넷에서 쉽게 찾아볼 수 있는 인도에 대한 기본적인 소개이다.

내가 인도에 대해 가지고 있었던 지식수준은 학창 시절 배운 고대 인더스 문명과 힌두교, 간디와 타고르의 나라, 성녀 마더 테레사, 타지마할을 아는 정도이고, 들어본 도시라고는 '델리', '뭄바이', '콜카타'

가 전부이며 그마저도 세 곳 중 인도의 수도가 어딘지 헷갈려 하는 수준이었다. 무엇보다 내가 살고 있는 땅덩어리의 33배의 면적이 얼마나 넓은 땅인지에 대한 공간적 상상이 물먹은 잉크처럼 흐렸다.

인간에게는 직선 길이의 비교는 그런대로 쉽다. 1미터의 열 배인 10미터가 대략 어느 정도 길이인지는 쉽게 짐작할 수 있다. 그러나 가로, 세로의 길이가 같이 커지는 면적의 비교는 다소 어렵다. 1평 면적의 10배인 10평 면적을 추정하는 일은 쉽지 않다. 건축을 전공한 이과(理科) 출신인 나도 한 변이 1.8미터인 정사각형을 그림판 맞추듯 머릿속에서 가로, 세로로 깔아 봐야 겨우 짐작이 간다. 물론 거기다 높이까지 보태지는 체적의 비교는 더 어렵다.

머릿속에서 그 경계선이 그려지지도 않는 넓은 땅에서 어떤 길을 여행길로 고를 것이냐의 문제는 맨몸으로 하늘이나 바다에서 항로와 해로를 찾겠다는 시도만큼 무모해 보였다. 무엇보다 서울-부산 간 이동을 가장 긴 시간의 기차 이동으로 기억하는 나에게 인도에서 도시 간을 기차로 이동하는 시간은 두려움으로 다가왔다. 웬만한 곳은 KTX로 3시간이면 당도하는 나라에 살고 있는 나에게 인도에서의 이동 시간은 그야말로 공포, 그 자체였다.

내가 여행 계획을 짜면서 가이드북과 함께 가장 여행 정보를 많이 얻었던 '인도 여행을 그리며'라는 인터넷 카페에 이런 질문이 올라왔다.

"인도 여행 중 한 번에 가장 오래 기차를 타 보신 분?"

그러자 댓글이 경쟁하듯 이어졌다.

'25시간', '30시간', '35시간', '10시간 연착 포함 40시간'…….

공포를 겪은 사람들이 분명해 보였다. 또 비슷한 시기에 이런 질문도 올라왔다.

"자동차를 직접 운전해서 인도 전역을 여행하고 싶은데 가능할까요?"

문과(文科) 출신이 분명해 보였다.

인도 여행에서 꼭 가 보고 싶은 곳은 누구나처럼 '바라나시'였고, 개인적으로 꼭 해 보고 싶은 것은 '라다크 트레킹'이었다. 바라나시에서 인도의 정신을 체험할 수 있다면 라다크에서는 인류의 '오래된 미래'를 볼 수 있다고 했다. 그러나 1년 중 8개월이 겨울인 라다크로 가는 육로는 6월이나 돼야 열린다. '오래된 미래'를 보기 위해 빠른 항로로 눈 깜빡할 새 날아가는 첨단 문명을 이용하고 싶은 생각은 없었다.

세상에서 가장 항로의 고도를 닮았다는 육로 '카르둥 라(Khardung La)'의 해발 5,602m 고갯길을 버스로 달려서 가고 싶었다. 그곳에는 마지막 샹그릴라 '레(Leh)'와 하늘 위의 호수 '판공초(Pangong Tso)', 티베트보다 더 티베트 같은 곳 '맥그로 간즈(Mcleod Ganj)', '인도의 스위스'라 불리는 '마날리(Manali)' 등이 마녀의 지팡이처럼 사람의 혼을 빼앗으며 유혹하고 있었다.

'레'로 가는 항공권을 예매해야 하나 포기해야 하나, 차마 결정하지 못하고 호주머니 속에서 패를 고르듯 '라다크'를 만지작거리다가 나는 출발을 며칠 앞두고 라다크를 다음 기회로 미루기로 하고 일정을 확정하였다.

1/30	출국	인천 → 상해 → 델리
1/31~2/04	델리	
2/02	아그라	
2/05~2/09	자이살메르	
2/10~2/13	우다이뿌르	
2/14~2/16	조드뿌르	
2/17~2/20	푸쉬카르	
2/21~2/23	자이뿌르	
2/24~3/06	바라나시	
3/07~3/10	다즐링	
3/11~3/13	갱톡	
3/14~3/15	델리	
3/15	귀국	델리 → 상해 → 인천

여행 계획은 델리를 중심으로 횡으로 연결되는 '라자스탄(Rajastan)'과 '우타르 쁘라데쉬(Uttar Pradesh)' 등 가급적 이동 시간이 짧은 도시를 연결하여 짰고, 두꺼운 여행가이드북에서 계획에 포함된 도시만 찢어서 얇은 책으로 다시 묶었다.

여행 계획을 짜면서 나름대로 내가 세운 원칙은 '느린 여행', '혼자 여행', '배낭여행', 이 세 가지였다. 인터넷 카페 '인도여행을 그리며'에는 이런 부류의 질문이 자주 올라온다.

"짧은 휴가를 받았는데 보름 만에 몇 개 도시나 돌 수 있을까요?"

여행 계획이 적절할지를 묻는 질문의 대부분은 보름에서 20일 정도의 일정으로 계획을 세우고 있었는데, 가끔 그 계획 속에는 내 계획에 포함된 도시가 전부 들어 있기도 했다.

인도에서는 내일과 어제를 뜻하는 단어가 같다고 한다. 힌두어로 어제도 '깔(कल कल)'이고 내일도 '깔(कल कल)'이다. 시간 개념의 공간적 경계가 우리만큼 촘촘하지 않다는 의미일지도 모르겠다. 나는 내일과 어제를 같은 단어를 쓰면서 구분 짓지 않는 나라에 어울리게 느리게 여행하고 싶었다. 그래서 한 도시에서 최소 3일 이상 머물겠다는 계획을 세웠고, 가장 인도스러운 도시 바라나시에서는 열흘 넘게 머무는 계획을 세웠다.

↑ 인도 국기의 주황색은 용기와 희생을, 흰색은 진리와 평화를 의미하고, 녹색은 믿음과 번영 또는 성실과 다산을 의미한다. (뉴델리, 코넛플레이스)

힌두 철학에서는 세상의 시간을 네 가지 기간으로 나눈다고 한다. 사티 유가, 뜨레따 유가, 두와파라 유가, 깔리 유가가 그것인데, 사티 유가 4,000 신년, 뜨레따 유가 3,000 신년, 두와파라 유가 2,000 신년, 마지막 깔리 유가 1,000 신년 등 세상의 시간은 10,000신년으로 구성되어 있다. 1신년이 자그마치 432,000년이라고 하니 우리의 시간 개념으로 환산하자면 무려 43억2천만 년인 셈이다.

그것도 이 네 단계가 지나고 나면 세상이 끝나는 것이 아니고 윤회하듯 다시 처음부터 시작한다고 한다. 즉, 우리가 살고 있는 현재는 말세인 칼리유가에 속하는데 이 시기가 끝나면 제1기인 사티 유가로 돌아간다는 얘기이다. 백 년도 채 못사는 인간에게 43억 년이라는 시간 개념이 존재하는 이유는 인도란 곳이 철저히 신의 세상이기 때문이다. 신의 눈으로 보면 인간은 훅 지나가는 존재란 뜻이다. 이 땅에서 인간은 하루살이보다 못한 존재란 의미이다.

사람의 눈에 하루살이의 일생이 바삐 살아야 유익한 일생이고 느리게 살면 의미 없는 일생이 아니라 그냥 짧은 하루일 뿐이듯 어쩌면 이곳 신의 눈에는 인간의 '빠른'과 '느린'의 개념 역시 전혀 다르지 않은 개념일 뿐일 게 분명해 보였다.

홀로 50여 개국을 여행한 오스트리아 여행칼럼니스트 '카트린 지타'는 그녀의 책 『내가 혼자 여행하는 이유』에서 혼자 여행하는 이유를 '어떤 풍경을 좋아하는지, 어떤 사람과 이야기를 나누고 싶어지는지, 걷는 걸 좋아하는지 차를 타는 걸 좋아하는지 등등 지금까지는 한 번도 생각해 보지 않았던 나에 대한 정보가 쏟아지기' 때문이라고 했다.

뒤돌아보면 내가 지금껏 살면서 완벽하게 혼자였던 적은 없었다. 항상 가족이나 친구가 있었다. 정충(精蟲)이었던 때조차 같이 사람이 되지 못한 형제들과 함께였었다. 가끔 한정된 공간 속에 나를 가둬 두고는 그것이 혼자였다고 여겼던 게 전부였다. 그 공간의 벽 밖에는 나를 지켜보는 많은 사람들이 있었음에도…….

어차피 그런 내 공간을 벗어나 떠나는 여행이라면 나도 '카트린 지타'처럼 나에게 쏟아지는 나에 대한 정보를 듣고 싶었다. 한 달 반 동안 낯선 여행지에 혼자 머물면서 나에게 들려주는 내 이야기에 집중하고 싶었다.

사람은 원시시대 적에 갖고 있던 습성을 아직도 군데군데 가지고 있다고 한다. 원시인에게는 혼자 무리에서 떨어져 있는 일은 곧 죽음이었다. 그 시대에는 혼자가 되면 다른 부족의 희생물이 되거나 맹수의 먹이가 되기 십상이었기 때문이다. 그 생각이 아직까지 남아 있어 지금도 혼자라는 것은 안전하지 못한 것이라고 여기는 것이라고 한다. 특히 남자들에게는 무리지어 공격하고 무리지어 방어하던 습성이 남아 있어서 칸초네의 가사 한 구절 같은 소리를 지금도 듣고 사는 것이다.

"남자들은 혼자서는 아무것도 할 줄 모르고 여럿이 있을 때만 용감해지는 어린애라네. 여자의 몸에서 나왔는데도 어쩌면 저리도 여자와 다른지~♬"

이제 이방인을 희생물로 삼을 부족들도 원시의 본능을 잃었고, 사람을 공격하는 사나운 벵골호랑이의 이빨도 세월에 대한 나의 감각만큼이나 무뎌졌다. 무리지어 공격할 일도, 무리지어 방어할 일도 사라진 심심한 세상이 되어 버렸다.

오히려 시인 '바이런'은 "고독 속에서 혼자라는 것을 가장 덜 느낀다."라고 했고, '베르나르 베르베르'의 소설 『제3인류』도 "같이 사는 것, 그것은 혼자 살면 생기지 않을 문제들을 함께 해결하는 것이다."라며 혼자인 것을 부추기는 듯한 발언을 했다. 그러니 나만 군데군데 남아 있는 원시 적의 흔적을 훌훌 털어 버리면 간단하게 혼자가 될 일이다.

↑ 승전탑이든 위령탑이든 그 규모가 크다는 것은 기쁨이든 아픔이든 컸다는 뜻이다. 이 탑에는 제1차 세계 대전에서 숨진 인도인 8만 5천여 명의 이름이 새겨져 있다. (뉴델리, 인디아 게이트)

여행의 종류를 단체 여행, 자유 여행, 배낭여행으로 나누는 일반적인 분류법은 아무리 봐도 이상하다. 여행의 형태, 방법, 수단이 뒤섞인 분류법이다. 단체 여행이면 개별 여행이거나, 자유 여행이면 구속 여행이거나 배낭여행이면 트렁크 여행으로 나누어야 형태, 방법, 수단으로 정리가 되어 보인다.

관광학 분야의 세계적 권위자인 히브리대학의 에릭 코헨(Erik Cohen) 교수는 참신한 경험을 선호하느냐 아니면 친숙한 경험을 선호하느냐에 따라 여행을 네 가지로 나누었다. 단체 대중 관광객, 독자적인 대중 관광객, 탐험가 그리고 방랑자.

배낭여행이란 말이 언제부터 생겨났는지는 모르겠지만 인류 역사에서 처음으로 여행을 시작한 누군가는 자연스럽게 등에 낭(囊)을 맸을 것이고 교통수단이 발달하면서 자연스럽게 짐을 등에서 내렸을 텐데, 배낭여행이 여행의 한 종류로 분류되는 것은 이상해 보인다.

17세기경 영국의 상류층 자제들은 성인이 되기 전 귀족 사회로의 필수 입문 과정이라 여기며 몇 달에서 몇 년 동안 프랑스, 이탈리아 등으로 여행을 떠났다. 그들은 마차에 온갖 물건을 가득 실었고, 가정교사·통역관·요리사·하인 등 수십 명을 거느리고 여행을 떠났다. 일명 '그랜드 투어'였다. 그런 여행은 설사 배낭을 맸더라도 배낭여행이라고는 하지 않는다. 그들은 엄청난 비용을 들였고 온갖 물건을 싣고 갔으며 전용마차를 타고 다녔다. 그들의 상당수가 체험한 것은 타락의 생생한 체험이었다.

인터넷에서 '배낭여행'의 국가별 사전적 의미를 찾아보면 대부분 '배낭을 메고 하는 여행', 즉 'Backpacking' 정도로 서술하고 있고 그 목적이나 방법 등에 대해서 언급한 나라는 우리나라를 비롯해서 중국, 일본 정도뿐인 것으로 보인다. 3개국이 언급한 배낭여행의 키워드는 '최소한의 경비', '필요한 물품만', '도보 여행', '생생한 체험' 등이다.

나는 출금 수수료가 가장 저렴하고 그나마 인도의 도시마다 ATM이 많은 편인 씨티은행 계좌를 개설해서 45일 동안 사용할 여행 경비로 2백만 원을 입금했다. 숙박비, 식비, 교통비 등 하루 여행 경비를 35,000원으로 잡고 나머지를 예비비로 책정했다. 인터넷을 뒤져 도시별로 평이 좋은 게스트하우스 3~4곳을 여행노트에 적어 두었다.

교통편은 처음 델리에서 자이살메르로 가는 기차 편만 인도 기차 예매 사이트인 'Cleartrip'에서 무난한 등급인 AC3칸으로 예매를 해 두었고, 짐은 50L 배낭에 구겨 넣었다. 내 인도 여행은 적어도 외형상으로는 배낭여행에 가장 가깝게 준비되고 있었다.

여행 계획을 완성하고 나서도 이번 내 여행은 완성될 것 같지 않아 보였다. 내 계획은 결국 현실화되지 못하고 호기 어린 해프닝으로 끝나 버릴 것 같았다. 내 불안한 두려움이 기어이 떠나지 못할 이유를 찾아내고야 말 것 같았다. 내가 인도란 이국땅의 한가운데에 혼자 배낭을 메고 서 있는 그림은 그리기 어려운 풍경화였고, 이해하기 힘든 추상화처럼 보였다.

여행을 준비하는 내내 나는 '헤르만 헤세'의 소설 『유리알 유희』에 나오는 「생의 계단」 시 구절을 떠올리면서 여행의 불안감에 떨고 있는 나

스스로를 달래고 있었다.

"무릇 모든 시작에는

마법이 숨 쉬고 있어

그것이 우리를 지키고 살아가는 데 도움을 준다

……

여행을 떠날 각오가 되어 있는 자만이

자기를 묶고 있는 속박에서 벗어나리라"

↑ 렌즈를 돌리면 아이들의 눈이 렌즈 안으로 쏟아져 들어온다. 인도 사람들은 대체로 사진 찍히는 걸 좋아한다.
  (조드뿌르, 메헤랑가르성에서)

02

무사히 돌아올 수만 있다면
여행이 불행하기를

여행이 결정되면 제일 먼저 해야 할 일은 출발 일자를 정하고 항공권을 예매하는 일이다. 항공권을 서둘러 예매하는 이유는 당연히 배낭여행에 어울리게 미리 가장 저렴한 항공권을 구하기 위해서이겠지만, 나에게는 여행을 확정 짓는다는 더 중요한 목적이 있었다. 마음이 변하더라도 여행은 변함없이 떠나야 하는 업보가 된다는 의미였다.

나는 딸아이에게 출발 일자를 1월 30일로 하고 돌아오는 항공권은 오픈해서 예약해 달라고 부탁했다. 두 달이고 세 달이고 있을 수 있을 때까지 있어 보겠다는 야무진 생각이었다. 내가 인도에서 얼마나 오래 있을 수 있을지 확인해 보고 싶기도 했다.

'관광'을 뜻하는 'Tour'는 회전을 뜻하는 라틴어의 'Tornus'에서 유래한 말로, 일정 기간 동안 목표한 일정이 끝나면 돌아온다는 의미라고 했다. 반면 '여행'을 뜻하는 'Travel'은 여행 일정이 유연하여서 여행자가 자신의 선택에 따라 움직인다는 의미라고 했다. 인도의 공기가 내

비위를 못 견디게 굴지만 않는다면 나는 두 달이고 세 달이고 '여행'을 하고 싶었다. '힘든 노동을 통해 비로소 신이 천지창조를 하는 데 얼마나 고생했는지에 대해 공감해 볼 수 있다'던 『탈무드』의 구절처럼 그 기간 동안 감히 신의 수고를 공감하는 그런 노동 같은 힘든 여행을 해 보고 싶었다.

내 거룩한 의도와 상관없이 딸아이는 늦어도 자기 생일 전날에는 무조건 돌아오라며 여행 기간을 못 박아 버렸다. 그래서 이번 내 여행 기간은 45일로 결정되었다. 더 있을 수 없다는 것은 덜 있을 수도 없다는 의미였다. 두 달이고 세 달이고 있겠다는 야심찬 계획이 딸아이의 생일 때문에 무산되었지만, 못 견디게 힘들면 일찍 돌아오면 된다는 일말의 여지도 역시 차단되고 말았다. 나는 변할지도 모를 결심을 출발 항공권으로 못 박았고, 딸아이는 흔들릴지도 모를 내 여행 기간을 도착 항공권을 예약하면서 못 박아 버렸다.

내 어머니는 생전에 '아홉수의 저주'를 철저하게 믿으셨던 분이다. 나는 스물아홉에 결혼을 서른 살로 미뤄야 했고, 서른아홉에는 해외여행을 마흔 살로 미뤄야 했고, 마흔아홉 살에도 기억나지 않는 여러 가지 일들을 다음 해로 미루어야 했을 것이다.

그러던 당신께서 여든아홉이 되던 해, 올해를 못 넘기실 거라며 예언처럼 말씀하시더니 그해 9월 9일 이승에서의 마지막 숨을 들이키셨다. 사망진단서에 기록된 임종 시각이 오전 9시 45분이었으니, 45의 개별 숫자 합이 '아홉'이고 분침이 가리킨 숫자 역시 '9'였음을 감안하면 당신의 믿음대로 철저하게 '아홉수의 마수'에서 벗어나지 못하셨던 셈이었다.

"산을 움직이는 기술이 있다면 산을 움직인다는 믿음은 필요하지 않다."고 한『영혼의 연금술』의 에릭 호퍼의 말을 빌려 내 어머니의 신앙과도 같았던 믿음을 비유하자면, 내 어머니에게는 '아홉'이라는 숫자를 극복할 의지도 기술도 없으셨던 셈이었다. 오히려 아홉수의 저주에 대한 굳건한 믿음만 있었던 셈이었다. 곡절 많은 삶을 사셨다가 아홉수에 주무시듯 이승에서의 여행을 마치고 떠나오시기 이전의 곳으로 귀향하셨다. 마지막 표정에서 힘든 여행을 마치는 고단함도, 여행지를 떠나는 아쉬움도, 되돌아가는 설렘도 읽을 수는 없었고, 아홉수의 마수에서 벗어나지 못하신 분답지 않게 편안하게 떠나셨다.

그런데 내 나이가 올해 아홉수다. 올해가 2016년이니 개별 숫자의 합이 아홉이고, 여행 기간 45일의 합산도 아홉이다. 그러고 보니 여행을 마치고 돌아오라고 딸아이가 정해 준 날짜 3월 15일도 숫자의 합이 아홉이다. 여행에 대한 걱정과 두려움이 이런 숫자놀음까지 하게 만들었지만, 아무튼 내 어머니가 살아 계셨더라면 절대 못 떠날 여행이었다.

이번 내 여행은 마치 내 어머니 없이 아홉수의 저주의 화살을 내가 혼자 알아서 맞서야 하는 여행처럼 느껴졌다. 내 어머니를 포박해 간 아홉수의 저주의 실체를 확인하는 여행처럼 특별하게 느껴졌다. 여행지가 매력적인 이유는 그곳이 내가 현재 있는 곳과 다르거나 완전히 특별하다는 것 때문이라는데, 나는 내가 찾는 인도라는 곳이 매력적인 여행지가 되기를 기대하면서 특별한 의미를 그렇게 찾고 있었다.

그렇게 '아홉'이라는 숫자가 여러 곳에 포함되어 있는 여행답게 이번 여행이 내 어머니의 인생 여행처럼 곡절이 많은 여행이 되기를 빌고 있었다. 어머니의 여행과는 달리 돌아올 때는 힘든 여행을 마치는 고단함으로, 여행지를 떠나는 아쉬움으로, 고향으로 되돌아가는 설렘으로 채워지는 여행이 되기를 빌고 있었다.

"이 외출이 행복하기를 그리고 다시 돌아오지 않기를……."

평생을 육체적 고통과 정신적 고통 속에서 살았던 1970년대 멕시코 여류 화가이자 페미니스트의 우상 '프리다 칼로'가 임박한 죽음을 앞두고 자신의 마지막 일기에 쓴 문구와는 다른 문구를, 나는 나의 일기에 쓰고 있었다.

"이 여행이 편안하지 않기를 그러나 무사히 돌아오기를!"

↑ 마누 법전에서 인생의 목표를 다르마, 아르타, 카바 등 세 가지로 규정한다. 그래서 인도인들의 인생 목표는 종교
적 생활, 부(富) 그리고 섹스이다. (바라나시, 뿌자의식을 관람 중인 힌두인들)

03

당신이 뭐 청춘이야?

악명 높다고 알려진 인도의 연착 문화에 너무 긴장하고 있었던 탓에 중국의 명성을 잠시 잊고 있었다. 중국 배낭여행 때의 기억을 망각하고 예쁜 한족 스튜어디스가 비행기 문 옆에서 약속된 시간에 나를 기다리고 있을 줄 알았다. 상하이 푸둥 국제공항의 환승 탑승구에는 탑승 시간이 다가오면서 이미 세 시간을 넘게 기다린 환승 승객들의 몸놀림이 분주해지기 시작했다.

딸이 예약해 준 가장 저렴한 중국 항공은 환승을 위해 상하이에서 세 시간을 넘게 대기해야 했다. 세 시간은 항공료가 싼 만큼을 기다리는 수고로 치러야 하는 대가처럼 느껴졌다. 고작 두 시간을 날아가서 세 시간을 넘게 대기해야 하는 일은 게으른 노동자의 지갑처럼 궁색했다.

기지개를 켜며 꿈틀대는 승객들의 빈틈 사이로 보이는 전광판에 'Delay'라는 자막이 뜨고 빠른 중국어 안내가 시작되더니 몇 개의 박스가 탑승 프런트 쪽으로 배달되어 왔다. 중국어를 알아들은 사람들부터

통계에 따르면 성별을 알고 행해진 낙태 3천 건 중 남자 태아를 낙태한 것은 단 한 건밖에 없었다고 한다. (우다 이뿌르. 집으로 가는 남자 아이들)

서둘러 프런트에서 줄을 서기 시작했고, 먼저 선 순서대로 도시락과 함께 200위안의 현찰이 지급되었다. 몇 년 전 중국 배낭여행 때 웬만한 연착에도 미안하다는 말 한마디 없었던 중국 항공사가 몇 년 사이에 피해를 입혔으면 배상을 해야 한다는 것을 깨달은 모양이었다. 이럴 때는 뭐니 뭐니 해도 먹을 것과 현찰이 가장 효과적이라는 사실도 깨달은 모양이었다.

나는 타고 갈 비행기의 연착으로 푸둥 공항에서 4시간을 더 보태 7시간 동안 발이 묶여, 샤를 드골 공항에서 16년을 살아야 했던 영화 〈터미널〉의 톰 행크스가 되는 줄 알았다.

푸둥 공항에서 급히 다시 픽업 신청을 했다. 사실 델리에서 묵을 첫 숙소를 예약하면서 픽업을 부탁했었다. 공항 주변에는 여행객을 노리는 사기꾼들이 득실거리고 인도의 밤길은 남자에게도 안전하지 않다고 익히 들었기 때문이다.

내가 인도 여행 정보를 주로 얻던 인터넷 카페에 올라온 글을 보면, 공항을 나와 공항철도 역사까지 가는 길과 뉴델리 매트로 역에서 빠하르간지로 가기 위해 철로를 가로질러 건너야 하는 육교는 빼곡히 늘어선 사기꾼들을 통과해야 하는 장애물 경기장처럼 느껴졌다. 처음 온 여행객들은 빠져나가기 힘들게 쳐 놓은 촘촘한 그물처럼 느껴졌다.

저녁 8시 넘어 도착하는 인도의 밤길이 내심 걱정되기도 한데다 무엇보다 아내와 딸이 무조건 그렇게 하라고 해서 하루 숙박료를 포함해서 50달러라는 적지 않은 비용을 지불하기로 하고 픽업 서비스를 신청했었다. 그런데 출발을 열흘쯤 앞두고 나는 아내와 상의 없이 픽업을 취소하고 말았다. 혼자 하기로 결심한 여행을 누군가의 도움을 받아 시작하는 것 같아서 그랬다.

곡절이 많은 여행이 되기를 기대한다고 하면서 곡절 없을 선택을 하고 있다는 생각이 들었다. 마치 등 뒤에서 내 손이 나 몰래 다른 일을 하고 있는 것처럼 느껴졌다. 초행길이 두려우면 여행을 떠나지 말아야 했다. 사기꾼이 걱정되면 낯선 곳은 가지 말아야 했다. 밤길이 두려우면 공항 노숙도 불사해야 했다. 낯섦과 두려움을 피하기 위해 여행의 본질을 피하고 있다는 생각이 들었다.

낯선 곳에서는 누구나 운명론자가 되는 것처럼 낯선 여행지에서도 어떤 일이 닥칠지, 어떤 사건을 겪게 될지는 피할 수 없는 운명과의 조우처럼 느껴진다. 인도에서 맞닥뜨리게 될 그런 운명적 조우가 두렵기도 했지만, 한편으로는 궁금하기도 했다. 아무튼 그것을 피하는 일은 마치 소설의 도입부는 건너뛰고 클라이맥스만 골라서 읽으려는 일처럼 느껴졌다.

"선택은 늘 그녀 대신 운명이 했다."는 파울로 코엘료의 소설 『11분』의 구절처럼 아내와 딸에게는 픽업을 포기하기로 선택한 것은 다름 아닌 운명이라고 우길 작정이었다. 그날 저녁 밥상머리에서 나의 시도는 아내와 딸의 모진 질책을 감내해야 했다. 내 야심에 찬 목적을 설명하는 말은 말 같지도 않은 말이 되어 바닥에 가라앉지도 못하고 허공에서 먼지처럼 사라졌다.

"모험을 할 게 있고 안 할 게 있지!"

내 거룩한 의도는 이 한마디에 주제넘은 짓이 되어 산산이 부서져 버렸다.

"당신이 뭐 청춘이야?"

이후 픽업 취소 사실을 안 주변 친구들 열이면 열, 모두가 내 편이 아니었다.

"네가 잘못한 거야! 처음부터 무리하는 건 아니야."

"넌 어수룩해 보이는 상(象)이라서 위험해!"

"'인명재처(人命在妻)'란 말도 몰라? 마누라 말을 들었어야지!"

하느님조차 그리 생각하셨던 모양이었다. 출발하기 한 달 전부터 모

진 감기를 주시더니 비행기까지 연발시켜 새벽에 뉴델리에 착륙시키
시려는 것이었다. 공항 노숙도 이번 여행의 내 거룩한 의도에 포함되
어 있긴 했지만, 한 달 만에 겨우 잦아들고 있는 지독한 감기를 노숙
하면서 다시 불러오고 싶진 않았다. 나았다가 다시 걸린 이번 감기는
비행기의 좁은 좌석에서 기내식을 먹는 일보다 조심해서 다뤄야 하는
것이었다. 인도에서의 운명과의 첫 조우가 궁금하긴 했지만 새벽은 운
명적으로도 잠들도록 설계된 시간이었다. 그래서 급하게 다시 픽업 신
청을 했다.

아내가 보낸 문자는 나의 7시간의 고역을 이렇게 평가하고 있었다.
"거, 잘됐네!"
아내는 안전하게 가는 길에 안도했고, 나는 그런 길을 아쉬워했다.

04

잠 못 드는 밤

영혼의 상실감은 이국땅에서 새벽 두 시경에 여행자를 방문한다고 했다. 예정보다 무려 다섯 시간이나 늦어진 새벽 두 시경에 인도 델리 공항에서 나왔다. 하루 종일 계속되었던 지루한 기다림은 이국땅에 대한 설렘을 싹둑싹둑 잘라 내 밑바닥이 보일 만큼 줄여 놓았다. 중국 비행기는 여행자가 영혼을 상실하고 마는 바로 그 시간에 이국땅에 나를 내려놓았다.

얼른 따뜻한 물로 샤워를 하고 푹신한 침대에서 하루 종일 곧추세워 두었던 허리를 펴고 싶었다. 인간이 진화를 시작하면서 가장 고통받는 신체 부위가 허리라고 했다. 중력만 견디게 설계된 곳이 갑자기 머리와 가슴의 무게를 추가로 견뎌야 했다. 직립보행이 디스크라는 현대인의 허리 병을 만들어 낸 것도 그 때문이다. 그래서 진화는 신의 창조 행위가 완벽하지 않았다는 증거이다. 조물주도 보기보다는 허술한 데가 있다는 명확한 증거이다.

↑ 12세기, 힌두왕국에 처음 이슬람 국가가 건설되고 그 기념으로 쿠툽 미나르를 세웠다. 인도는 인도네시아, 파키 스탄에 이어 세계 세 번째로 이슬람 인구가 많은 나라이다. (뉴델리, 쿠툽 미나르 유적군)

20시간을 넘게 직립만 하고 있었다. 공항 바닥에 드러누운 청춘들이나 공항 벤치에 남의 자리까지 차지하고 가로누운 중년 여성들은 허리 건강 측면에서는 현명한 사람들이었다.

입국장의 낯선 얼굴들 속에서 내 이름이 적힌 종이를 들고 있는 친구를 찾아냈다. 검은 피부의 인도인은 내가 낯선 게 아니라 새벽 두 시가 낯선 눈치였다. 부디 이 시간에 자신을 불러낸 항공사가 한국이 아닌 중국 항공사란 걸 알아줬으면 좋겠다.

공항을 나서자 여행객을 맞은 것은 봇물 터지듯 울려 대는 자동차 경적 소리와 짙게 깔린 스모그였다. 그것은 공항 주변에 포진한 사기꾼들끼리 손쉬운 미끼가 하나 도착했음을 알리는 신호음이자 자신들의 정체를 숨기려는 음흉한 위장처럼 보였다. 사냥감을 공격하기 위해 우두머리 맹수가 내리는 행동 지시 같았다.

내가 인도에 대해 너무 긴장한 탓이었다. 어쩌면 그것은 인도에 온 걸 환영하는 '부부젤라' 같은 응원의 소리와 여행객의 호기심을 자극하려는 무대 연막과도 같은 배려였을지도 몰랐다. 배낭 하나 메고 혼자 이국땅에 도착한 내 용기에 보내는 찬사이자 격려일지도 몰랐다.

픽업 나온 차량을 타고 30분을 달려 새벽에 도착한 숙소는 눈길 한 번 주는 이 없는 무생물의 공간이었다. 낡고 컴컴한 방에는 그곳에 놓인 지 백 년도 더 됐을 법한 침대가 여행객들의 무게에 지쳐 널브러져 있었고, 눅눅한 시트에는 어제 다녀간 여행객의 체취와 체형의 자국이 그대로 남아 있었다. 수도꼭지에서 흐르는 물은 마치 깊은 잠에서 덜

깬 듯 겨우겨우 흘러내렸고, 오는 길에 코끝에 묻혀 들어온 소똥 냄새가 미지근한 물에서도 배어 나왔다.

창문이라도 열어서 방 안에 있는 탁한 공기를 밖으로 내보내고 싶었지만, 사면의 벽은 감옥보다 두껍게 막혀 있었다. 이 방이 만들어진 후 이곳에서 밤을 보낸 수많은 여행객들의 호흡이 고스란히 보존되어 있는 것 같았다. 그것들이 차곡차곡 쌓여 이 방의 공기는 바깥의 짙은 스모그보다 훨씬 더 농도가 진하고 무겁게 느껴졌다. 새벽 시간에 오느라 마실 물을 사 오지 못한 탓에 양치질을 걸렀더니 입속도 방 공기처럼 텁텁했다. 입속에서 여전히 상하이 공항 냄새가 나는 듯했다.

비행기 안에서 자다 깨다를 반복한 탓에 새벽 세 시의 정신은 낮보다 맑았다. 인도의 아침이 궁금한데 쉽게 잠이 올 것 같지 않으니 아침도 오지 않을 것 같다. 어서 아침이 와야 여기가 시골 여관방이 아니고 비로소 인도라는 것을 확인할 수 있을 것 같았다. 밤이 길어지면 여행자는 고독하고 우울해진다. 여행자의 밤은 영화의 장면이 바뀌는 순간처럼 짧아야 한다. 없어도 스토리 전개에 영향을 주지 않는 생략된 장면들과 같은 것이어야 한다.

참을성이 부족한 관람객을 위해 자주 이렇게 자막으로 처리하곤 하는 것이어야 한다.

'다음 날 아침!'

눈 깜박할 새 낮에서 낮으로 이동해야 한다. 그래야 여행의 기억이 다음 기억으로 이어진다. 인도에서의 첫 밤도 짧았으면 좋겠다. 인도의 아침이 중국 비행기처럼 연착하지 않았으면 좋겠다.

↑ 인도가 여행지로 인기가 높은 이유는 다양성
이 공존하기 때문이다. 여러 종교가 공존하듯
이 과거와 현재가 극명하게 공존하기 때문이
다. (뉴델리, 터번을 쓴 시크교도와 청바지를
입은 청춘들)

05

혼자여도 두렵지 않다면
혼자여도 설레지 않는다는 것

내가 델리에서 5박을 하기로 계획을 세운 이유는 순전히 '두려움' 때문이었다. 인도가 두려웠고 배낭여행이 두려웠고 낯선 공기가 두려웠고 혼자라는 사실 자체가 두려웠기 때문이었다. 나보다 더 늦은 나이에 혼자 인도 배낭여행에 도전했던 어느 분은 인도에 도착한 후 밖에 나가는 것이 두려워서 며칠 동안 가져간 라면으로 끼니를 때우면서 숙소에만 머물렀다고 했다.

내 발목을 숙소에 묶어 둘지도 모를 두려움을 극복하기 위해, 그래서 델리에서 인도에 적응하는 시간을 벌기로 했다. 아무래도 시골보다는 도시에서 지내기가 훨씬 수월할 것이라고 생각했기 때문이었다. 도시라면 이곳의 낯선 문화도 내게 낯익은 문화와 많이 닮아 있을 것이라 믿었다.

그리고 적어도 수도라면 여행객에게 문화적 · 환경적 충격을 완화시켜 주고 낯선 두려움을 줄여 주는 완충 역할을 해 줄 거라 믿었다.

그래서 여행을 떠나기 전, 첫 이동지인 자이살메르로 가는 기차표를 델리에 도착한 닷새 후 것으로 미리 예매해 두었었다.

델리의 3천 년 전 옛 지명은 힌두 신화의 전설적인 도시 '인드라프라스타(Indraprastha)'라고 한다. '인드라 신이 머무는 곳'이라는 뜻이란다. 그래서 델리에는 인드라프라스타 호텔이 있고 인드라프라스타 공원도 있다. 지금의 델리는 '언덕'을 뜻하는 힌디어 '딜(dil)'에서 유래한 것으로 알려진 '딜리(Dilli)'라는 이름으로 불리다가 지금의 델리로 바뀌었다고 한다.

인드라프라스타 이후 이 땅에 델리를 포함한 8개의 도시가 세워졌었는데, 그중 다섯 개 도시는 외부 민족에 의해 세워진 도시였다고 한다. 그만큼 통로의 역할을 할 수 있는 지리적 장점이 큰 도시였다는 의미일 테다.

영국 역시 1912년 당시 식민지 수도였던 콜카타에서 이곳으로 수도를 옮겼다가 우리나라가 독립한 2년 후인 1947년 8월 15일 이 땅에서 물러갔고 인도가 독립을 이룬 걸 보면 "델리에서 도시를 세운 자, 곧 델리를 잃어버리게 된다."는 말이 빈말이 아닌 듯싶다.

여행은 자유로워야 한다. 특히 배낭여행은 헐거운 옷 속에서 몸놀림이 더 자유로운 것처럼 여행 중에 행동이나 사고를 구속하는 꽉 낀 것들이 없어야 한다. 입고 벗는 수고만 할 뿐 아무것도 안 입은 듯한 옷이 몸에 가장 편한 옷이듯, 떠나고 돌아오는 일만 준비되었다면 아무

것도 준비 안 한 여행이 가장 자유롭다. 어쩌면 미리 준비한 것들 모두가 구속하는 것들로 변할지도 모른다. 내 발목을 편하게 하려고 준비한 것들이 어느 순간 돌변해서 내 발목을 잡을지도 모른다. 떠나오기 전 내가 미리 확정해 둔 것은 델리의 한국 식당 '인도방랑기'를 통해 예매해 둔 숙소와 델리공항에 도착하는 날 공항에서 숙소까지의 픽업 서비스 그리고 자이살메르 가는 기차표가 전부였다. 예약한 며칠 후 픽업을 취소하면서 숙소 예약도 취소되어(둘째 날 이후의 숙소 예약까지 취소된 줄은 인도에 도착한 다음 날 알았다) 현지에서 숙소를 구해야 했으니 결과적으로 확정된 것은 자이살메르행 기차표밖에 없었다.

델리에서 사흘을 보냈을 때 쯤, 그 기차표가 우려한 대로 나를 구속하는 것으로 변하고 말았다. 계획보다 이틀쯤 일찍 델리를 떠나고 싶었지만 예약해 둔 기차표 때문에 그럴 수가 없었기 때문이었다. 인터넷에서 예매한 기차표를 취소하고 웹에서 다시 표를 구하는 일은 제대로 엉킨 실타래를 푸는 일만큼 나에게는 너무 번거로운 일이었다.

델리는 여행을 시작하는 여행객들이 도착하는 곳이거나 여행을 마친 여행객들이 떠나는 곳이었다. 델리를 경유하는 여행객들은 그리 많지 않아 보였다. 거기에다 여행을 시작하는 여행객들의 움직임은 작고 위축되어 있는 반면, 여행을 마치는 여행객들의 그것은 크고 활발했다. 그러니 눈에 띄는 여행객들은 모두 여행을 마치는 사람들이었고, 길거리에서 어깨를 부딪치는 여행객들은 대부분 귀국을 앞둔 사람들이었다.

↑ 인도에서 소는 숭배의 대상이다. 거리의 소들은 먹을 것을 찾아 나온 것들이다. 소에게도 지위는 이상이고, 배고픔은 현실이다. (우다이뿌르, 사람을 앞장선 소)

↑ 『잃어버린 시간을 찾아서』의 작가 마르셀 프루스트에게 최후의 시간이 온다면 무엇을 하겠냐고 물었다. 답이 이랬다. "죽음의 위협에 놓인다면 삶이 갑자기 훌륭해 보일 것 같습니다. 최후를 맞기 전에 루브르의 새로운 전시실을 방문하고, … 인도로 여행을 떠날 겁니다." (우다이뿌르, 피촐라 호수)

그들은 나에게 여행 정보를 알려 주는 도우미도 되었지만 내 여행 의지를 꺾어 놓는 훼방꾼 역할도 했다. 설렘으로 간신히 누르고 있던 두려움이 깨어나 그들 앞에서 샘물처럼 슬금슬금 솟아오르기 시작했다. 문득 돌아가고 싶었다. 은밀한 거래처럼 눈에 띄지 않게 집으로 돌아가는 여행객들의 뒤를 조용히 따라나서고 싶었다.

이곳의 공기는 너무 탁해 건강에 좋지 않아 보였다. 그것 하나면 아내도 여행을 시작해 보지도 않고 돌아온 남편을 이해해 줄 충분한 이유가 될 것처럼 보였다. 어쩌면 내 친구들 말처럼 이미 배낭여행을 하기에 지난 나이가 맞을지도 몰랐고, 나는 나쁜 공기는 피해야 하는 심혈관 질환을 갖고 있기 때문이었다.

'설렘', '도전' 같은 단어는 청춘들이 사용하라고 만든 단어들이라 내 몸에서 혼돈 같은 부작용을 일으키고 있는지도 몰랐다. 오히려 이 여행이, 몸에 꽉 끼는 옷처럼 스스로 내 육신을 옥죄고 내 영혼을 구속하는 일처럼 보였다. 어쩌면 돌아가기로 결정하는 일이 자전거 뒷바퀴가 앞바퀴를 따라가는 것처럼 자연스러운 일일지도 몰랐다.

내가 잘못 생각한 것이었다. 델리에서 닷새 동안 머물면서 인도에 적응해 보겠다는 내 계획은 틀린 것이었다. 그렇게 두려움을 떨쳐보려고 했던 내 생각은 잘못된 것이었다. 두려움이 없으면 설렘도 없다는 사실을 잠시 잊고 있었다. 여행에 대한 나의 의도된 이상과 현실에 대한 나의 본능적인 감각은 손바닥과 손등처럼 영원히 다른 방향으로 향하고 있는 것일지도 몰랐다. 역시 의도된 일에는 의도된 것들이 그 일을 돕는 도구로 사용되어야 했다. 의도된 감각이라야 의도된 이상을 완성시키는 줄을 망각하고 있었다.

일정을 조정해서 기차로 두 시간 반 거리의 타지마할이 있는 도시 아그라를 다녀오기로 했다. 나중에 조드뿌르에서 바라나시로 가면서 들러 1박을 할 예정이었던 곳이었는데, '인도방랑기' 주인장이 당일치기로 다녀오라고 권했다. 하루면 둘러볼 수 있기도 하고 음식과 숙박 시설이 좋지 않아 박(泊)하는 것은 추천하고 싶지 않다는 말도 덧붙였다.

뉴델리 역 외국인 전용 예약 사무소에서 다음 날 가장 이른 시간에 아그라로 출발하는 기차와 가장 늦은 시간에 아그라에서 도착하는 기차표를 끊었다. 그렇게 이른 시간이면 내 여행 의지를 조금씩 꺾고 있는, 여행을 마치고 떠나는 여행자들의 뒷모습을 보지 않아도 될 것 같았다. 그렇게 늦은 시간이면 인도의 공기로 이미 더럽혀진 배낭들의 떠나는 모습을 보면서 같이 돌아가고픈 욕구가 생기는 일은 없을 것이라 생각했다.

↑ 유대인 피아니스트이자 세계 최고령의 홀로
코스트 생존자였던 '알리스 헤르츠 좀머'는 백
살을 앞두고 말했다. " … 아침 새소리만 들어
도 행복하다." (바라나시, 갠지스강의 아침)

06

걸림돌과 디딤돌은
같은 돌이다

콧구멍으로 들어오는 공기까지도 낯선 델리의 첫날 아침이었다. 숙소 옥상에 있는 한국 식당 '인도방랑기' 옆 테이블에서 앳된 젊은이가 한쪽 다리를 달달 떨면서 밥을 먹고 있었다.

"여행하시오?"

아침에 일어나서 새로 읽기 시작한 '니코스 카잔차스키'의 소설 『그리스인 조르바』에서 알렉시스 조르바도 카페에서 크레타 섬으로 가는 배를 기다리던 주인공에게 첫마디를 그렇게 물었었다. 얼굴 검은 인도 종업원에게 아침 메뉴로 미역국을 시킬 때 'Seaweed soup'라고 해야 하나 그냥 우리말로 '미역국'이라고 해도 되나 망설이면서 내가 물었다.

"6주 배낭여행 끝내고 내일 귀국합니다."

젊은 친구는 달달 떨던 다리를 멈추고 허리를 곧추세우고 자세를 바로잡아 앉았다. 배낭여행지에서 드물게 보는 '어른'이라서 그러나 보다 싶었다.

↑ 성(城)은 공격과 수비의 결과물이다. 대부분의 운동 경기도 공격과 수비로 이루어진다. 사람 사는 일에도 체면, 격식, 예의 같은 껍질을 벗기고 나면 남는 것은 '공격'과 '수비'이다. (자이살메르, 자이살메르 성에서 크리켓 하는 어린이들)

아침 식당에서 스물한 살 청년 승원을 만났다. 승원과의 조우는 인연이라면 인연이었다. 6주 동안 나 홀로 배낭여행을 마치는 청년과, 비슷한 기간 동안의 여행을 이제 막 시작하는 중년이 식당 바로 옆 테이블에서 만난 것이다.

"여행은 어땠습니까?"

사실 여행지에 낯선 나는 이런 포괄적인 질문보다는 구체적인 질문이 더 급하긴 했다. 자이살메르 사막투어 1박 2일 코스와 2박 3일 코스 중에 어떤 게 좋은지 라든가, 인도 기차 AC3 칸과 SL 칸이 어떻게 다른지 라든가. 그리고 질문 마지막에는 당신이라면 어떤 걸 선택하겠냐고 물어 결정까지 대신 해 달라고 부탁하고 싶었다. 소소하게는 ATM에서 돈 뽑는 법, 기차표 끊는 법, 24시간 편의점이 있는지 없는지, 어떤 걸 먹어야 하는지, 어떤 걸 마셔야 하는지 등등 궁금한 게 한두 가지가 아니었다.

승원은 4월 군 입대를 앞두고 아르바이트로 번 돈을 모아 이곳으로 배낭여행을 왔단다. 인도에 처음 왔을 때는 무척 후회했는데 지금은 너무 좋아졌단다. 인도 여행을 마친 여행객 중에 인도 쪽으로는 소변도 안 보겠다며 호언하고 돌아간 사람도 스멀스멀 인도가 그리워져서 다시 오게 된다던데, 승원은 좋아졌다고 하니 군대 마치면 꼭 다시 올 게 분명해 보였다.

"술 할 줄 알아요?" 식사를 마치고 일어서며 내가 물었다.

"예, 잘합니다." 승원은 '조금 합니다'라고 해도 충분할 대답을 그렇게 했다.

"그럼 오늘 밤에 내 숙소로 오세요. 팩 소주 한잔 합시다. 컵라면도 있소."

나이 많은 낯선 사람과 술 먹는 게 불편해서 적당히 핑계를 대고 사양할 줄 알았는데, 승원은 대답 대신 약속을 했다.

"예, 꼭 가겠습니다."

약속대로 승원은 내 방으로 왔고, 우리는 길거리에서 사 온 탄두리 치킨을 안주 삼아 팩 소주를 두 개씩 마시고 컵라면도 하나씩 먹었다.

"저, 학교랑 안 맞는 거 같아요. 군대 제대하면 복학해야 할지 고민이에요!"

술이 오르자 승원이 꺼낸 말이었다.

"복학 안 하면 되지. 왜?" 나는 내 아들한테는 절대 안 할 말을 뱉었다.

"부모님 때문에요" 승원 역시 내 아들이 절대 나한테 하지 않을 말을 내뱉었다.

내가 승원에게 물었다.

"이 나이에 혼자 배낭여행 하는 걸 어떻게 생각해?"

"너무 멋있어요!"

승원은 엄지손가락을 치켜세웠다.

"내 친구들은 이 나이에 정신 나간 짓을 한다고들 하던데?"

사실 그런 친구들에게 호기 있게 한마디씩 해 주고 오긴 했다. 너희들은 그 나이 먹도록 제대로 정신 나간 짓을 해 본 적 있었냐고. 내 친구들 역시 대부분의 사람들이 그렇듯 다수의 보편적 사고 범위를 벗어난 생각이나 행동은 모두 '정신 나간 짓'으로 알았고, 그 속에서 벗어나지 않으려고 노력하며 살았다. 그렇게 살아야 정신 든 짓이고, 정상이고, 상식이라고 여겼다.

어려서는 착한 자식으로, 학교에서는 모범적인 학생으로, 직장에서는 충성스러운 사원으로, 가정에서는 좋은 남편과 부모로 살려고 노력해 온 사람들이다. 그렇게 살다 보니 특별할 사건도 별로 없었고, 살아온 스토리도 서로 비슷했다. 내 여행은 그런 내 친구들이 가지고 있는 보편적 사고의 틀에서 벗어난 낱말들로만 구성되어 있었다. 이 나이에 배낭, 혼자, 인도, 45일 등등…….

면도 안 한 얼굴로 후줄근한 티셔츠 차림에 50L 배낭을 짊어지고 혼자 다니니, 여행지에서 만난 젊은이들이 멋있다고들 한다. 내 친구들의 정상적 상식을 벗어난 짓을 하고 있는데, 이 친구들은 대단하다며 엄지손가락을 곧추세워 보인다. 그러고 보면 '정신 든 짓'하며 살아오는 동안 누구한테서 멋있다는 소리를 들어 본 기억이 별로 없다. 정신 나간 짓을 하니까 비로소 멋있다는 소리를 듣는다.

내 방을 나서면서 승원은 자기 아버지보다 열 살이나 많은 나한테 '형처럼 대해 줘서' 고맙다고 인사했다. 밤늦도록 승원은 인도 여행 이야기를 했고, 나는 인생 이야기를 했다. 인생도 여행이라면 우리는 밤늦도록 서로 같은 여행 이야기를 나눈 셈이었다. 승원은 인도 여행을 나보다 먼저 했고, 나는 승원보다 인생 여행을 먼저 했을 뿐이었다.

내가 승원에게 해 준 여행 이야기는 별게 없긴 했다. 정신 나간 짓을 하니까 이 나이에 처음 멋있다는 소리를 들었다는 내 얘기를 했을 뿐이었다. 만약 내 아들이 학업을 포기한다고 했다면 나 역시 정신 나갔다고 했을 거라고만 덧붙였을 뿐이었다.

승원에게 제 아버지가 꼰대 같은 걸림돌처럼 느껴지고 내가 형 같은 디딤돌처럼 느껴지는 것은 집착과 욕심이 있고 없고의 차이일 것이다. 자식에 대한 애정을 가진 아버지냐 아니냐의 차이일 것이다. 내 아들의 문제였다면 역할이 서로 바뀌어서 내가 걸림돌이 되고 대신 승원 아버지가 디딤돌이 될 수 있었을 것이다. 티베트에 이런 속담이 있다. '걸림돌과 디딤돌은 같은 돌이다.'

다음 날 승원은 귀국길에 올랐다. 따지고 보면 밤늦도록 우리는 서로에게 같은 이야기를 한 셈이다. 내가 승원에게 해 준 충고를 승원도 똑같이 나한테 해 주고 갔다.

"하고 싶은 걸 해. 부모 탓하지 말고. 부모님을 설득하는 것도 네 몫이야!"

"하고 싶은 걸 하세요. 나이 탓하지 마시고. 나이를 설득하는 것도 형님 몫입니다!"

↑ 사람은 타고나기를 부족하게 타고났다. 그래서 같은 높이를 오르는 과정도 훨씬 복잡하고 느리고 힘들다. (조드뿌르, 사다리를 오르는 작업자와 전깃줄에 앉은 비둘기)

07

모순 속에 산다

숙소가 메인 바자르 중간에 위치해 있어서 골목길에서 큰길로 나서자 바로 번잡한 시장통이었다. 무대로 나서는 배우의 등장처럼, 내 등 뒤를 따르는 카메라의 앵글에는 좁고 어두운 골목길의 끝에서 환한 조명이 밝혀지고 갑자기 왁자지껄한 광경이 잡혔다. 자동차 경적 소리, 릭샤꾼의 외마디 소리, 손님을 부르는 상인들의 고함 소리, 거지들의 구걸하는 소리, 허기진 개들이 코를 박고 킁킁대는 소리, 청소하는 여인의 비질 소리가 무대 위로 쏟아졌다.

이 길이 생긴 역사만큼 오랫동안 쌓였을 것 같은 쓰레기가 발에 밟혔다. 걸을 때마다 발끝에서 이는 먼지는 대지가 뿜어내는 호흡처럼 피어올라 건물에 나뭇잎에 다시 뽀얗게 쌓였다. 그래서 도시 전체가 떡 지게 먹은 여인의 화장처럼 먼지를 한 겹 쓰고 있었다.

거리의 수용 한계를 벗어난 인파와 릭샤, 짐승들에 막혀 이곳이 낯선 여행자의 발걸음만 더딜 뿐 거리의 모든 것들은 좁은 수로에 흐르는 물처럼 흐름이 빨랐다. 무엇보다 여행자의 발걸음을 붙드는 것은 길바닥에 널린 동물의 배설물이었다. '똥 밟았다'는 '재수 없다'와 동의어이다. 여행의 첫날을 똥 밟고 재수 없게 시작하고 싶지는 않았다.

소의 허리는 야위었고, 쓰레기를 뒤지다 피부병에 걸려 듬성듬성 털이 빠진 개의 등짝은 거리만큼 지저분했다. 그것들이 쏟아낸 배설물로 거리는 짐승들의 등짝만큼 더러웠다. 북경보다 세 배가 넘게 오염되었다는 악명 높은 델리의 공기를 사람의 폐로 정화시켜 내는 일은 용량이 부족한 기계의 과부하처럼 힘에 겨웠고, 거리를 청소하는 여인의 비질처럼 표도 안 나는 일이었다.

↑ 인도에서는 차도와 인도의 구분이 별로 없다. 사람이 다니면 그게 인도다. 그곳이 인도다. (델리, 붉은 성으로 가는 길)

일요일의 델리 매트로 역 역시 시장통처럼 붐볐다. 파키스탄과 다시 전쟁이라도 터졌는지 큰 트렁크를 한두 개씩 이고 지고 끌며 넘쳐나는 사람들은 마치 피난민 같았다. 인도 사람들은 도난 걱정 때문에 이동할 때 세간살이를 다 싸 들고 다닌다는 이야기를 우스갯소리처럼 듣긴 했다. 설마일까 싶었지만 아무튼 빠하르간지에서 매트로 역으로 건너가는 육교 입구에 보안 검색을 기다리는 긴 줄에는 사람과 짐이 함께 길게 줄을 서 있었다.

벽에 붙은 매트로 노선도를 보면서 내가 갈 루트를 그려 보고 있는데, 옆에서 젊은 인도 청년이 어디 가느냐고 물어왔다. 집이 뭄바이라는 청년은 나와 같은 방향이라며 내 뒤에서 보안 검색대를 통과하는 일, 표를 끊는 일 등을 도와주었는데, 매표창구 앞에서 길게 줄을 서야 하는 것이 미안했던지 외국인 우선이라며 자꾸 내 등을 떠밀어 새치기를 시켰다. 헤어지면서 청년이 인도 여행의 팁이라며 나한테 귀띔해 준 것은 '항상 잔돈을 준비하라'였는데, 이후 잔돈이 없다며 릭샤꾼들한테 거스름돈을 떼인 일이 몇 차례 있긴 했다.

낯선 인도 물가는 릭샤꾼의 품삯을 기준으로 삼아야 한다. 따라서 화폐 가치에 익숙하지 않은 여행객들은 릭샤꾼의 벌이로 인도 물가를 가늠해야 한다. 씰룩거리는 작은 엉덩이, 힘이 들어간 야윈 어깨, 가늘고 검은 목덜미, 그 위로 흘러내리는 땀줄기, 릭샤꾼의 애처로운 뒷모습을 보면서 나는 스스로 그렇게 하기로 결정을 했다. 물건값을 흥정할 때는, 힘겹게 엉덩이와 어깨를 움직여야 고작 20루피를 버는 릭샤꾼을 떠올렸다. 가늘고 검은 목덜미로 땀이 흘러내려야 겨우 400원을 버는 릭샤꾼의 수고를 떠올렸다.

올드 델리의 '붉은 성(Red Ford)'으로 가기 위해 뭄바이 청년의 도움을 받아 뉴델리 역에서 두 정거장인 찬드니촉 역에서 내렸다. 찬드니촉 역에서 멀지 않은 곳이라 거리 구경도 할 겸 걸어갈 생각이었지만 릭샤꾼들은 사람을 걷게 내버려 두지 않았다. 집요한 릭샤꾼들의 호객을 뿌리치는 건 "No, Thank you!" 한마디로는 부족했다. 내 거절은 점점 길고 구체적인 설명으로 바뀌고 있었다.

"구경하면서 걷고 싶어서 그래!"

"사실은 내가 걷는 걸 좋아해서 그래!"

릭샤꾼에게는 간절한 몇백 원 버는 일을 너무 외면하는 것 같아 결국 사이클 릭샤에 올라탔다. 40루피 달라는 걸 20루피로 깎았다. 아무리 안쓰러워 보여도 적정가로 깎는 것은 다음 여행객을 위해서 지금 여행객이 해야 할 의무였다.

아기를 안은 여인이 릭샤에 오르는 나에게 손을 벌렸다. 안고 있는 아기가 눈에 들어왔지만 10루피만 달라는 요구를 매몰차게 거절했다. 거지에게 적선하면 주변 거지들이 다 몰려와 지구 끝까지 따라온다는 경고를 들었기 때문이었다. 이후의 나 자신을 위해 지금 내가 해야 할 의무였다.

하필이면 '붉은 성'이 쉬는 날이란다. 담장 주변에는 경찰이 깔렸고 붉은 성 광장에 차려진 무대에서는 무희들이 리허설에 열중하고 있었다. 정기휴일인 월요일도 아닌데 왜 쉬느냐고 경찰에게 물었더니 행사가 있다고 짧게 대답했다. 경찰은 길게 대답해 줘 봐야 못 알아듣는 줄을 경찰이라서 아는 모양이었다. 이렇게 인도에서의 첫 목적지가 펑크나 버렸다.

붉은 성 입구는 더 번잡한 시장통이었다. 이 무대는 빠하르간지의 메인 바자르 시장통보다 설정이 더 디테일하고 적나라했다. 소와 개와 똥과 쓰레기 같은 소품들이 더 많이 동원되었고 노숙자, 거지들이 추가로 배치된 무대였다. 재치 있는 무대감독은 무대 속에 맥도널드까지 준비해 뒀다. 인도 속에서 인도답지 않은 곳이 쓰레기 속의 보석처럼 두드러져 보였다. 허탈함도 달랠 겸, 다음 행선지도 알아볼 겸, 다리도 쉴 겸 맥도널드에 들어가 60루피짜리 커피를 시켜서 창가에 자리를 잡고 앉았다.

여전히 창밖에는 붐비는 인파와 그 틈을 절묘하게 운전해 가는 릭샤꾼들과 그 사이사이에서 허리를 굽힌 거지들이 있었다. 그리고 창 안에는 릭샤꾼에게서 20루피를 깎고, 거지에게 10루피를 주지 않고 60루피짜리 맥도널드 커피를 마시고 있는 내가 있었다. 하루 종일 릭샤꾼이 힘들게 엉덩이를 씰룩거려야 벌 수 있는 돈으로, 하루 종일 거지가 허리를 굽혀야 얻을 수 있는 돈으로 10분 동안 다리를 쉬기 위해 커피를 마시고 있었다.

릭샤꾼의 품삯을 인도 물가의 기준으로 삼기로 했던 내가 커피값이 적정한지는 따져 보지도 않았고 릭샤꾼에게 했던 것처럼 가격을 깎아 볼 생각도 안 했다. 맥도널드한테 깎아서 릭샤꾼이 달라는 대로 주고 낯선 외국인에게 손을 내미는 거지에게 줘야 하는 게 맞는데도 말이다. 맥도널드에게는 표도 안 날 10루피가 릭샤꾼과 거지에게는 간절한 돈이었는데도 말이다.

얇은 벽을 사이에 두고 그렇게 다른 세상이 존재하고 있었다. 궁핍한 쪽에 오히려 인색하고 넉넉한 쪽에 더 베푸는 아이러니가 존재하고 있었다. 부자가 더 부유해지고 빈자가 더 가난해지는 이유가 존재하고 있었다. 없는 것처럼 투명한 유리창을 사이에 두고 그렇게 모순이 존재하고 있었다.

← 정신이 고단하면 적막 속에서도 깨어 있지만, 육신이 고단하면 시장의 북새통에서도 깊이 잠들 수 있다. (델리, 붉은 성으로 가는 길)

08

아그라에서 살아남는 법

뉴델리 역 2층에 있는 외국인 전용 예약사무소(International Tourist Bureau)에는 배낭을 멘 외국인들로 북적였다. 내부 분위기가 마치 영화 〈원스 어폰 어 타임 인 아메리카〉에서나 봄직한 1960년대 미국 은행 분위기를 닮아 있었다. 은행에서처럼 번호표를 뽑고 예매신청서를 작성하고 기다렸다가 내 차례에 창구 직원 앞에 앉았다. 목각 인형처럼 표정을 알 수 없는 중년의 여직원은 몇 가지를 물어보더니 티켓 두 장을 건넸다.

나는 인도를 떠나는 대신 하루쯤 델리를 떠나기로 했다. '설렘', '도전' 같은 단어가 청춘 전용으로 만들어진 것이라면 '포기'는 '욕심' 전용으로 만들어진 단어라고 생각했다. 과욕을 내려놓는 일에만 포기라는 단어를 쓸 수 있기 때문이다. 욕심이 아닌 일에 포기란 단어를 빌려 써서는 안 되기 때문이다. 델리에서 예정했던 닷새의 일정을 못 채운 것을 두고 계획을 포기했다고 할 수는 없기 때문이다. 내가 하려는 일은 여행이지, 욕심이 아니었기 때문이다.

나의 아그라행 기차는 새벽 6시에 뉴델리 역을 출발해서 자정에 뉴델리 역으로 돌아왔다. 여행공포증이 있었던 정신분석가 프로이트처럼 나도 늘 기차 시간에 늦을까 봐 조바심을 낸다. 기차가 출발하기 1시간 전에는 기차 플랫폼에 도착해 있어야 안심을 했던 프로이트처럼 나도 한 시간 이상 미리 도착해 있어야 안심을 한다. 아무리 늦어도 새벽 5시 이전에 나서야 하는 빠하르간지(Pahar Ganj) 새벽길이 걱정되었던 나는 '인도방랑기' 식당 여주인에게 물었다.

"새벽길에는 뭘 조심해야 하죠?"

"개를 조심하세요!"

새벽 개는 사나워질 수 있으니 개와 눈을 마주치지 말란다. 낮에는 사람의 눈길을 먼저 피하던 것들의 눈을 새벽에는 사람이 먼저 피해야 한단다. 사람이나 개나 사나운 것들은 눈 마주치는 걸 싫어하는 모양이다.

늑대는 자신의 눈을 빤히 바라보는 대상에게서 적의(敵意)를 느끼지만, 보통 개는 사람과 눈을 맞추고 애정을 나눈다. 사람 손에 길들여지면서 생긴 능력이란다. 그래서 개가 눈을 마주치기 싫다는 것은 애정을 나누기 싫다는 뜻이다. 네 손에 길들여질까 봐 두렵다는 뜻이다. 눈을 쳐다보면서는 길들여지지 않고 견뎌 낼 수가 없다는 뜻이다. 그렇게 되지 않도록 스스로를 통제할 자신이 없다는 의미이다. 그래서 사람 중에서도 통제할 자신이 없는 것들이 꼭 그렇게 말하는 모양이다.

↑ 가장 아름다운 건축물은 가장 잔혹한 과정으로 탄생했다. 죽은 아내를 그리워하는 한 남자를 위해 동원되었던 2만 명에게는 자신들이 동원된 이유부터가 잔혹했을 것이다. (아그라, 세상에서 가장 아름다운 건축물 타지마할)

"눈 안 깔아?"

통제가 되는 힘이 센 것들은 꼭 이렇게 말하는 걸 보면 그렇다.

"내 눈 똑바로 안 쳐다봐!"

델리에서 기차로 2시간 반쯤 걸리는 거리에 있는 아그라(Agra)는 한때 무굴(Mughal) 제국의 수도였다. 델리로 수도가 옮겨질 때까지 고작 100여 년 남짓한 기간이었다.

1526년 봄, 델리에서 50마일쯤 떨어진 파니파트(Panipat) 벌판에서 아버지 쪽으로는 차가타이 칸국의 지배자였던 티무르의 피를 물려받았고, 어머니 쪽으로는 칭기즈칸의 피를 이어받은, 중앙아시아의 작은 왕국 페르가나의 왕 '바부르(Bābur)'는 당시 델리의 몰락하던 로디(Lodi) 왕조의 이브라힘 왕이 이끄는 100마리의 코끼리 군대와 맞닥뜨렸다. '호랑이'란 뜻의 용맹스러운 이름답게 자신의 군대보다 열 배나 많은 적군을 단 3시간 만에 무찔렀다. 그렇게 무굴제국은 세워졌고 아그라가 무굴제국의 수도가 된 것은 3대 왕이었던 악바르(Akbar) 때였다.

빨리 일어서고 빨리 무너진 무굴제국이란 무대에는 스무 명의 왕이 등장하지만 그중 아그라를 수도로 삼아 집권한 왕은 악바르, 자항기르(Jahāngīr), 샤자한(Shah Jahan) 그리고 마지막에 수도를 델리로 옮긴 6대 왕 아우랑제브(Aurangzēb) 등 네 명이 전부였다. 이 기간이 무굴제국이 가장 번성했던 전성기였고, 이 기간이 끝날 즈음부터 무굴제국도 기울기 시작했다. 증조할아버지가 정한 수도를 증손자가 다른 곳으로 옮기면서 전성기도, '제국의 수도'라는 아그라의 영예도 끝나 버린 것이었다.

↑ · 건축 광이었던 샤자 한은 아그라 성을 세계에서 제일 가는 성으로 변모시켰고 말년에 그 성에 갇혔다. (아그라, 아그라 성)

↑ ·· 타지마할은 좌우 대칭의 균형미가 완벽한 건축물이다. 좌우 대칭이 안 맞는 것은 타지마할 외의 풍경들뿐이다. (아그라, 타지마할)

'바부르'의 손자이자 '후마윤'의 아들인 '악바르(Akbar)'는 아버지가 망명해 있던 곳에서 태어나 줄곧 전쟁터에서 자랐다. 왕의 아들이었어도 전쟁터에서 체계적인 교육을 받지 못해 평생을 문맹으로 살았지만 무굴제국을 번성시킨 위대한 왕이 되었다. 그러나 말년에 자신이 없는 틈을 타 장남이 모반(謀反)을 일으켰고, 모반에 실패하고 아버지에게 제압당했던 아들은 아버지 사후에 결국 왕위에 올랐는데 그가 4대 왕 '자항기르(Jahāngīr)'다.

이번에는 '자항기르'가 노약해지자 그의 장남도 모반을 일으켰고, 결국 아버지는 아들의 눈을 멀게 하여 추방하는 벌을 내렸다. 셋째 아들도 모반을 일으켰다가 제압되어 도망 다녀야 했는데, 아버지가 죽은 후 장인의 지원을 등에 업고 왕위에 올랐다. 그가 5대 왕 '샤자한'이다. '샤자한'의 말년에도 네 아들끼리 피비린내 나는 권력 투쟁을 벌였는데, 그중 셋째가 승리하여 첫째 형과 동생을 처형하고 아버지를 아그라 요새의 탑에 감금하였다. 그가 6대 왕 '아우랑제브(Aurangzēb)'다.

알려진 내용만 보면 아그라라는 무대는 4대가 펼치는 핏빛의 무대였다. 무굴제국의 왕위 계승은 장자 승계가 아니었다. 권력 투쟁에서 승리한 황자(皇子)만이 왕위를 차지할 수 있을 뿐이었다. 왕의 아들로 태어나는 일은 숙명적으로 피를 봐야 하는 게임에 뛰어드는 일이었다. 그 게임은 룰도 원칙도 없었고 부자도 형제도 없었고 기회도 단 한 번뿐인 승부였다.

오히려 아버지도 형제도 제거되어야 하는 걸림돌일 뿐이었다. 이 승부에서는 포악하고 사나울수록 유리했다. 자항기르도 만취하는 술버릇에 성격이 과격했고 잔인했고, 샤자한은 그의 아버지보다는 절제된 인간이긴 했지만 역시 무자비했고, 아우랑제브는 아버지보다 더 포악하고 잔인했다고 한다.

그래도 아버지는 아들을 그런 혼탁한 승부에 뛰어들게 만든 자신의 업보를 인정했고, 아들은 경기에 참여할 기회를 준 아버지의 은덕을 인정했던 모양이다. 아버지는 자신에게 칼을 겨눈 아들의 눈을 멀게 해서 추방하였고, 아들은 자신의 칼 앞에서 무너진 아버지를 감금하긴 했지만 목숨을 빼앗지는 않았다. 그러나 같이 겨룬 형제들은 모두 죽임을 당해야 했다.

다만 자항기르의 둘째 아들처럼 병약한 알콜 중독자만 살아남았다. 나한테 주어진 단 한 번의 승부를 포기하면 왕은 되지 못하더라도 목숨은 구할 수 있었던 것이다. 칼날을 스스로에게 겨루고, 승부에 뛰어들지 않는 자만이 목숨을 부지할 수 있었던 것이다. 빠하르 간지의 새벽길에서 만나는 개를 대하듯 눈을 깔고 미리 눈을 피하면 무사할 수 있었던 것이다.

↑ 타지마할 곁으로 흐르는 야무나 강은 사람의 영혼을 정화시키는 강이라고 한다. 우리 영혼이 그만큼 정화되었는지는 알 수 없지만 지금 이 강은 오염되어 죽음의 강으로 변했다. (아그라, 타지마할에서 본 야무르 강)

Travel to India

09

남편이 살아서,
아내가 죽어서

타지마할 입구에서 작은 문제가 생겼다. 내 가방을 검사하던 여직원이 가방 속에 든 물을 문제 삼은 것이다. 타지마할은 모든 음식이나 음료가 반입 금지이지만 외국인에 한해 마실 물 반입은 허용하고 있다. 출국하기 전 아내가 홍삼 분말을 배낭에 넣어 줬었다. 건강도 챙기고, 인도 물도 안 좋다는데 하루에 한 봉씩 생수에 타서 마시라고 배낭에 넣어 준 것이었다.

나 역시 인도를 여행하면서 최면을 걸 듯 그렇게 믿었다. 물갈이 한 번 안 하고 그동안 건강하게 여행할 수 있었던 것은 물에 타서 마신 홍삼과 하루도 거르지 않고 사 먹었던 오렌지 덕분이라고. 여직원이 내 가방에서 물을 꺼내 들어 햇빛에 비춰 보더니 물었다.

"이게 뭐야?"

"물이지!"

"근데 색깔이 왜 이래?"

"홍삼가루 타서 그래"

"홍삼이 뭔데?"

"너, 홍삼도 몰라? 한국 사람들 건강에 좋으라고 먹는 거 있어."

뭐 대충 이런 대화가 오갔다. 홍삼가루를 타서 노랗게 변한 물 색깔을 의심하는 것이었다. 여직원은 모르는 물질을 통과시키고 싶지 않았고, 나는 홍삼 탄 물을 쏟아 버리고 싶지 않았다. 난감한 대치가 잠깐 이어졌다. 결국 여직원이 해결책을 내놨다.

"마셔 봐!"

타지마할은 무굴제국 5대 황제였던 '샤자한(Shah Jahan)'이 전장(戰場)에서 아이를 출산하다 열병으로 죽은 아내 '뭄따즈 마할(Mumtaz Mahal)'을 위해 만든 무덤이다. 원래 이름이 아내의 이름 그대로 '뭄따즈 마할'이었다가 '마할의 왕관'이란 뜻의 지금의 타지마할로 바뀌었다고 한다.

기록에 의하면 '뭄따즈 마할'은 '정치적 야심을 털끝만치도 품지 않은 완벽한 아내였다'고 한다. 여러 명의 아내 중 '샤자한'이 '뭄따즈 마할'을 유독 좋아했던 이유 중 하나는 바로 그 점 때문이었다고 한다. 궁중 기록에서처럼 다른 아내들과의 관계는 '혼인 상태를 유지'하는 정도였지만 '뭄따즈 마할'만은 유독 사랑했던 이유가 '샤자한'의 주변이 워낙 정치적 야심을 품은 사람들로 가득 채워져 있었기 때문으로 보인다.

우선 아버지 '자항기르'의 스무 번째 아내 '누르 자한'이 정치적 야심이 넘치는 여성이었고, '누르 자한'의 오빠 '압둘 하산 아사프 칸' 역시 정치적 야심으로 채워진 자였다. '샤자한'의 첫 번째 아내가 '압둘 하산 아사프 칸'의 딸이었고, 새엄마 '누르 자한'은 자신의 권력을 강화하기 위해 첫 번째 혼인에서 낳은 딸을 '샤자한'의 동생 '샤야르'와 결혼시켰 으니 '샤야르'에게 '누르자한'은 새엄마이자 장모였고, '샤자한'에게 '누 르 자한'은 새엄마이자 처고모이자 사돈이었던 셈이었다.

'샤자한'의 큰형 '쿠스라우'는 아버지 '자항기르'에 항거하여 반란을 일으켰다가 눈을 멀게 되는 벌을 받았고, '샤자한' 역시 아버지를 폐위 시키기 위해 반란을 일으켰지만 아버지에 의해 제압되고 우다이뿌르 의 피촐라 호수에 있는 작은 섬 작 만디르(Jag Mandir)로 도망갔다가 나 중에 겨우 아버지와 화해하였지만 그의 셋째 아들 '아우랑제브'를 아버 지 '자항기르'에게 인질로 보내야 했다. 인질의 효과가 있었는지는 모 르겠지만 아무튼 '샤자한'은 아버지에게 자신의 자식을, 즉 할아버지 에게 손자를 인질로 보낸 셈이었다.

'샤자한'은 말년에 할아버지에게 인질로 보냈던 아들의 손에 의해 아 그라 성(Agra Fort)의 탑에 감금되었다. 자신이 폐위시키려고 했던 아버 지에게 인질로 보냈던 자식이 자신을 폐위시키고 감금한 것이었다. 자 신이 아버지를 상대로 실패했던 일을 아들이 자신을 상대로 성공한 셈 이었다.

그런 '샤자한'이 자신이 권력 투쟁의 중심에 있을 때 정치적 야심을 털끝만치도 품지 않았던 '뭄따즈 마할'을 유독 사랑했고, 자신이 아들들의 권력 투쟁의 희생물이 되었을 때 정치적 야심이 없었던 죽은 아내를 그리워했던 것은 어쩌면 당연한 일로 보인다.

한때 권력 투쟁의 승자가 되었다가 결국에는 권력투쟁의 희생자가 되었던 '샤자한'이 아들에게 왕위를 뺏기고 아그라 성의 무삼만 버즈(Musamman Burj) 탑에 갇혀 죽어 가면서 멀리 보이는 타지마할을 보며 죽은 아내를 그리워했던 것은 빼앗긴 권력에 대한 미련이자, 자신이 겪었던 권력 투쟁에 대한 회한이었는지도 모른다. 어쩌면 아버지를 닮았던 자신과 자신을 빼닮은 자식에 대한 원망이자 두려움의 반증이었는지도 모른다.

'뭄따즈 마할'은 결혼 19년 동안 14명의 아이를 낳았고 마지막 아이를 낳다 39살에 사망하였고, '샤자한'은 그런 아내를 애도하여 22년 동안 공을 들여 아내를 위한 무덤 타지마할을 완성하였다. 부부가 상대를 위해 20여 년 동안 경이로운 수고를 한 셈이었다. 아내는 살아 있는 남편을 위해 수고를 해야 했고, 남편은 죽은 아내를 위해 수고를 해야 했다. 아내는 남편이 살아서 수고해야 했고, 남편은 아내가 죽어서 수고해야 했던 것이다.

↑ '샤자 한'은 사랑했던 아내 '뭄따즈 마할'을 영원히 기억하기 위해 타지마할을 세웠다. 타지마할 때문에 두 사람을 영원히 기억하는 이는 정작 세상 사람들이다. (아그라, 타지마할)

↑ '내 영혼이 닿을 수 있는 깊이만큼, 넓이만큼, 그 높이만큼 당신을 사랑합니다' 영국의 여류 시인 엘리자베스 배럿 브라우닝이 남편에게 바친 시의 한 구절이다. 저 정도의 묘지나 시를 바칠 수 없는 남편의 마음도 다르지 않다는 걸 아내가 알아줄 지 모르겠다. (아그라, 타지마할)

↑ 북적이는 관광객들을 피해 돌리고 있던 렌즈 가운데로 푸른 옷을 입은 한 여인이 들어왔다. 무덤 주인인 '뭄따즈 마할'일 거라고 믿었다. (아그라, 타지마할)

10

여행지에서 울었다면
내면의 모험을 만난 것

아그라에서 델리로 돌아오는 기차는 9시에 출발하여 자정쯤 뉴델리역 도착이었다. 아그라에서 일정이 너무 일찍 끝나 기차가 출발하는 시간까지 아그라 칸트 역에서 5시간을 기다려야 했다. 젊은 동양 여성의 눈길이 느껴지기 시작한 것은 막 역에 도착해서 커피숍에서 커피를 마실 때부터였다.

그 여성도 나와 같은 기차를 타야 했는데, 둘 다 작은 역에서 비슷한 시간을 기다려야 했으니 그 시간 동안 몇 번을 마주쳤다. 식당에서 저녁을 먹을 때도, 매점에서 물을 살 때도, 하릴없이 플랫폼을 왔다 갔다 할 때도 마주쳤다. 지나치기도 했고 가까이에서 함께 서 있기도 했다. 그때마다 그 여성은 나를 쳐다봤고 나는 애써 외면했다. 그 여성은 나를 아는 사람으로 착각하는 듯 보였지만 나는 그 여성이 꿈에서도 본 적이 없는, 모르는 사람이란 걸 알았기 때문이었다.

열차 시간이 다가올수록, 그녀와 마주치는 횟수가 늘어날수록 그녀의 눈길은 간절하게 느껴졌고 나는 점점 그 눈길에 익숙해져 갔다. 이제는 내가 그녀가 착각하고 있던 그 남자가 아니란 것을 알려 주어야겠다 싶을 즈음에 열차가 도착했다. 아그라를 떠나면서 다섯 시간 동안 내 주변을 맴돌았던 낯선 여성의 눈길도 그렇게 내 곁에서 같이 떠난 줄 알았다.

뉴델리 역에서 내릴 때 다시 나타난 그 여성이 다가와 수줍게 말끝을 흐렸다.

"저, 한국분이시죠? 실례지만 숙소가 어디……?"

30대로 보이는 여성은 헐렁한 인도 바지를 입고 인도 스카프를 목에 두르고 있었다. 초면에 내 숙소를 묻는 게 이상하긴 했지만 늦은 시간에 숙소를 잡아야 하는 줄 알았다. 자정이 넘은 시간에 여자 혼자 숙소 잡는 일이 난감해서 나에게서 숙소를 소개받고 싶어 한다고 생각했다.

"죄송하지만, 선생님 숙소까지 같이 가면 안 될까요?"

내 심장은 부정맥을 앓고 있어서 평소에도 불규칙하게 마구 뛰는 걸 이 여성이 오해하지 않았으면 좋겠다 싶었다.

"무서워서요!"

지연은 3주 동안 인도 여행을 마치고 모레 귀국한다고 했다. 같이 여행했던 일행이 있었는데 비행기 표를 다르게 끊어서 오늘 아그라에서 헤어져 먼저 귀국했고 혼자 남았단다. 아그라 역에서 마주쳤던 다섯 시간 내내 한국 사람인지 확신이 없어 말을 걸까 말까 망설였다가 기차 안에서 내가 한국어 여행 가이드북을 보는 걸 보고 한국 사람인 줄 알았단다.

지연의 숙소는 내 숙소보다 백 미터쯤 더 지나 있었다. 야심한 밤에 여성을 집까지 바래다준 기억이 지난 30여 년 동안 없었다. 숙소까지 데려다주고 돌아서려는데 지연이 물었다.

"내일은 뭐 하세요?"

사실 출국 전에 자이살메르 사막 비박 연습을 한다며 침낭에서 자다가 아내가 넣어 준 핫팩에 화상을 입어 복숭아뼈에 복숭아씨만 한 물집이 생겼었다. 급히 피부과에서 치료를 받긴 했지만 채 낫지 않은 상태로 떠나왔다. 걸을 때마다 상처가 신발에 닿아 걷는 게 여간 불편하지 않았고 물집이 계속 재발해서 저녁마다 숙소에서 의사가 일러 준 대로 주삿바늘로 물집에서 물을 빼내고 항생연고를 발라야 했다. 그래서 내일 하루는 쉬면서 상처를 다스려 볼 생각이었다.

"악샤르담 사원 분수 쇼를 꼭 봐야 하는데, 밤에 하는 거라 혹시 같이 가시면 안 될까 해서요."

잠깐 같이 걸었을 뿐인데 나를 밤길을 지켜 줄 정의의 사도나 젠틀한 기사 정도로 여기는 모양이었다. 어쩌면 내가 밤길을 위협하기에는 너무 나이 들었다고 여기는지도 몰랐다. 아니면 내 심장이 마구 뛰는 게 순전히 부정맥 때문이란 걸 알아 버렸는지도 몰랐다. 지연은 내 입에서 거절이 나오지 않도록 미리 내 입을 막아 버렸다.

"스페인 분수 쇼보다 훨씬 좋대요!"

다음 날 우리는 분수 쇼를 보기 위해 악샤르담 사원으로 향했고, 가는 도중에 길을 묻다가 알게 된 병곤과도 합류했다.

지연은 전남 광양에 사는 서른다섯 살 초등학교 교사였고, 병곤은 승원처럼 올 4월에 군 입대를 앞둔 동탄에 사는 스물네 살 학생이었다. 병곤 역시 콜카타로 들어와서 3주 여행을 마치고 며칠 더 여행하겠다는 일행들과 헤어져 내일 지연과 비슷한 시간에 귀국길에 오른다고 했다. 병곤도 꼭 봐야 할 곳이라고 소개해 준 선배의 말을 듣고 악샤르담 사원 분수 쇼를 보러 가는 길이었다.

악샤르담 사원은 힌두 종파인 스와이나라얀 그룹이 건설한 인도 최대의 힌두교 사원 중 하나인데, 현존하는 힌두교 사원이 가지고 있는 모든 기록을 갈아 버릴 정도로 그 규모나 건설에 동원된 기술이 엄청나다고 한다. 2005년부터 일반에게 공개되기 시작했다는데, 실제 사원 전체의 기둥과 벽, 천장 어느 한 공간 빠짐없이 새겨진 섬세한 대리석 조각에 정말 입이 딱 벌어질 정도였다.

아그라의 타지마할이 절대 권력에 의해 건설되었다면, 악샤르담 사원은 종교의 힘에 의해 건설되었다. 그것은 마치 어떤 절대 권력도 종교의 힘을 능가할 수 없음을 말하고 있는 듯했다. 사람의 영역이 아무리 크고 강해도 신의 영역을 넘을 수 없는 한계가 있음을 알리고 싶어 하는 듯 보였다.

분수광장에서 펼쳐진 분수 쇼는 환상적인 한 편의 영화였다. 분수가 만들어 내는 현란한 움직임은 영화를 꾸미는 소도구에 불과한 것이었고, 레이저 영상과 웅장한 사운드가 광장을 압도했다. 솟구친 물줄기가 사람의 눈길을 현혹시키고 호수 속으로 다시 풍덩 빠지듯 우리는 영화가 연출하는 신화 속으로 풍덩 빠져들었다.

일정에 넣지도 않았던, 놓칠 뻔했던 멋진 구경을 하게 해 준 보답으로 내가 저녁을 샀고, 지연이 안주를 사서 내 방에서 팩 소주를 나누면서 두 사람은 인도에서 함께하는 마지막 밤을 아쉬워했다. 다음 날도 셋이 같이 국립박물관, 미술관을 둘러봤고 나는 자이살메르로 가는 기차 시간에 맞춰 먼저 헤어졌다.

여행에서 가장 큰 즐거움 중 하나는 사람을 만나는 일이다. 사실 나는 사람 사귀는 일을 즐겨 하지는 않는 편이다. 낯을 가리는 편이라 사람을 사귀는 일이 쉽지 않고 불편하다. 그러나 여행지에서 만나는 사람은 나한테도 편하다. 낯선 곳에서 만났으니 고향 사람 만난 듯하고, 신분을 안 밝혀도 되니 격의가 없고, 쉽게 헤어질 수 있으니 부담도 없다.

무엇보다 여행이라는 공유할 주제가 있다. 나이 불문, 남녀 불문, 국적 불문하고 쉽게 친해진다. 그런 걸 보면 여행지에서 만나는 사람들은 마치 외계에서 만난 지구인들 같다.

자이살메르 가는 기차 안에서 심한 고립감, 불안감이 밀려왔다. 델리에 처음 도착했을 때도 느끼지 못했던 감정들이 갑자기 어깨를 무겁게 짓눌러 왔다. 델리 일정을 닷새씩 길게 잡았던 이유는 인도에 적응하는 시간을 가지겠다는 의도였었다. 델리에서 인도에 익숙해지면

본격적으로 인도 속으로 떠날 생각이었다.

그런데 눈에 익은 사람의 모습도, 도시의 모습도 다시 처음인 것처럼 낯설게 다가왔다. 지연, 병곤과 하루 같이 지낸 것이 시간을 닷새 전 첫날 아침으로 되돌려 놓아 버렸다. 고작 하루 동안 두 사람을 의지해 따라다녔을 뿐인데 릭샤 가격 흥정하는 일, 입장권 사는 일, 식사 주문하는 일이 처음 해 보는 일처럼 낯설게 느껴졌다. 길 물어보는 일, 물 사는 일조차 망설여지고 두려웠다. 애초부터 혼자가 아니었던 듯 오히려 더 심한 고립감, 불안감이 엄습해 왔다.

어쩌면 기차를 놓칠 뻔했다는 위기감 때문이었는지도 모르겠다. 열차 안에 종류가 다른 사람이 나 혼자뿐이어서 더욱 그렇게 느껴졌는지도 모르겠다. 여행지도 여행객도 떠나고 헤어져야 할 필연의 대상이고 어차피 혼자 하겠다고 시작한 여행이었다. 여행만큼은 혼자일 때가 둘일 때보다 표면적이 늘어난다고 했다. 혼자일 때 내면의 모험을 만날 확률이 높다고 했다. 여행지에서 혼자 울 수 있는 것은 비로소 내면의 모험을 만났기 때문이라고 했다.

불안감, 고독감, 고립감, 낯섦 같은 감정들이 한꺼번에 몰려와서 하마터면 울컥 눈물을 쏟을 뻔했다. 혼자일 때, 내면의 모험을 만났을 때 비로소 생기는 감정들이 가슴속에서 소용돌이치면서 속으로 울었다. 3층 침대에 불편하게 앉은 내 모습이 마치 두려움에 쫓겨서 궁지에 몰린 것 같아 서글펐다. 열차의 차창 밖 먼 지평선으로 낯선 하루가 지고 있어서 더욱 서글펐다.

↑ 정현종 시인이 노래했다. '사람이 풍경일 때처럼 행복한 때는 없다'고. 인도 여행 중에 나에게는 어린이가 풍경일 때처럼 아름다운 사진은 없었다. (아그라, 하교 중인 남매)

↑ '꿈의 의미, 왕의 성격, 가을날 구름의 결과, 여자의 마음은 알 수가 없다' 인도의 고전에 나오는 글이란다. 이해 안 되는 왕의 성격이 불가사의를 만들었다. (아그라, 아그라 성)

02
Udaipur, India

TRAVELER

01

어떻게 저렇게 살지?
왜 저러고 살까?

19시간 만에 자이살메르 역에 내렸다. '기차를 탔다'란 말과 '기차에 감금됐다'란 말이 같은 말이 될 수 있다는 걸 알게 한 여정이었다. 딱 병원 보호자 침대처럼 생긴 것이 세로로 세 단 공중에 매달려 있는 열차의 침대 위에서 긴긴밤을 지내야 했다. 높이가 낮아 앉을 수도 없었고 폭이 좁아서 제대로 뒤척일 수도 없었다. 밤중에 충전 케이블을 떨어뜨리는 바람에 아래층에서 집어서 올려 줬고, 담요가 떨어져서 자다 말고 내려가서 주워 올라와야 했다.

낮 시간에는 중간 침대를 접어서 등받이로 삼고 아래 칸 침대에 의자처럼 앉아서 갈 수 있었는데, 중간 침대를 접자고 서로 합의만 되면 마주 보고 앉아 대화를 나누거나 음식을 먹거나 차를 마셨다. 기차의 의자가 마주 앉도록 만들어진 것은 초기 유럽의 기차가 마차의 의자를 본떠 만들었기 때문이라고 한다.

그렇게 만들어진 좁은 객실에서 서로를 마주 보고 있는 게 어색했던 사람들은 시선을 피하기 위해 책을 읽기 시작했고, 자연스럽게 역 주변에 책방이 생기기 시작했다고 한다. 불편하게 마주 보고 앉도록 좌석을 만든 철도의 역사를 아는지 모르는지, 인도의 기차에는 책을 읽는 사람은커녕 역 주변에는 책방도 없었다.

나는 잠든 지 4시간 만에 잠에서 깼는데, 중간 침대를 접자고 합의를 봐야 할 아래 두 개 층 남녀가 10시간 동안 깨질 않아 나는 계속 공중에 매달려 있어야 했다.

↑ 인도의 모든 열차가 하루에 달리는 거리의 합은 지구에서 달까지 가는 거리의 4배쯤이라고 한다. 30시간씩 걸리는 기차를 탈 때의 기분은 달에라도 가는 기분이긴 했다.

사실 기차도 겨우 탔다. 여행을 오기 전에 나는 인도 열차표 예매 사이트 'Cleartrip'에서 여행 중에 탈 열차표를 전부 예매해 두려고 했었다. 일일이 현지에서 기차표 예매하는 일이 번거로울 것 같기도 했고, 혹시 열차표가 매진되어 일정에 차질이 생길지도 몰라 안전하게 모두 예매할 생각이었다. 자이살메르행 표만 먼저 예매해 두고 전체 여행 일정을 확정 못 해 미루고 있었는데, 이후 Cleartrip의 사정으로 인터넷 예매가 중단되는 바람에 나머지 티켓은 예매를 못 하고 왔다.

그런데 정작 현지에 와 보니 대부분의 역에 외국인 전용 예약사무소나 창구가 있어서 열차표 끊는 일이 그렇게 번거롭지도 않았고, 기차표의 일정량을 외국인 몫으로 배정해 두는 외국인 전용 쿼터제란 게 있어서 표가 매진되는 경우도 드물었다. 새로운 여행지에 도착하자마자 외국인 전용 예약사무소나 전용 창구에 가면 사나흘 후에 갈 다음 여행지행 표를 쉽게 구할 수 있었다. 미리 표를 예매하지 못한 덕분에 전체 여행 일정을 자유롭게 조정할 수 있었고, 오히려 자이살메르행 표를 예매해 뒀기 때문에 델리 일정을 당겨서 미리 떠날 수가 없었다.

인터넷으로 예매하는 표는 외국인 쿼터표가 아닌 일반 표라서 오히려 RAC이거나 Waiting이 많았는데, 내가 한 달 이상 미리 예매했던 자이살메르행 표도 RAC-12 상태였다. RAC란 'Reservation Against Cancellation'란 말로 예매는 되었지만 좌석 배정이 안 된 상태를 뜻한다. 초과 예약이 되었다는 의미이다. RAC-12면 내가 12번째 초과 예약자란 뜻이다. 그래서 예약한 사람 중에 12명이 예약 취소를 해야 내 좌석이 배정된다는 의미이다.

RAC가 풀리고 좌석이 배정되면 사이트상에서 내가 타야 할 열차의 칸 번호와 좌석 번호를 알 수 있는데, 나는 출발 기차에 붙여 두는 승객명단에서 쉽게 내 좌석 번호를 알 수 있을 거라 믿고 RAC가 풀렸다는 사실만 확인하고 지정된 열차 칸 번호와 좌석 번호는 모른 채 열차를 타러 갔었다.

자이살메르행 열차는 올드델리 역에서 출발했다. 올드델리 역에 도착해서 매표창구에 물었더니 역무원은 9번 플랫폼으로 가라고 알려 주었다. 인도 사람들은 무척 친절하긴 한데, 길을 물어보면 가끔 틀린 길을 알려 주곤 했다. 자기가 짐작하는 길을 알려 주는 듯했다.

델리에서의 첫째 날 붉은 성에서 찬드니촉 역까지 걸어서 돌아갈 때 사람들이 알려 주는 길이 제각각이라 역 주변을 몇 바퀴나 돌아야 했었고, 나중에는 좁고 으슥한 골목길로 접어들기까지 했었다. 너무 친절해서 모른다고 대답하기는 싫어하는 모양이었다. 그래서 시간 낭비와 수고를 줄이려면 꼭 두 사람 이상한테 물어봐야 했다.

인도에서는 큰 도시 역을 제외하고는 플랫폼에 열차가 서는 위치를 알려 주는 장치가 없어 내가 타야 하는 칸이 어디쯤 서는지 알 수 없는 경우가 많다. 그래서 여행안내서는 역무 경찰에게 물어보는 것이 제일 정확하고 확실하다고 알려 주었다. 그런데 두 명 이상에게 확인하기 위해 역무원의 말을 의심하고 역무 경찰에게 더 물어본 것이 화근이었다. 역무 경찰은 내가 타야 할 곳이 3번 플랫폼이라고 고쳐 주었다.

나는 자주 'Pull'의 뜻을 'Push'를 먼저 떠올려야 안다. 그래서 'Push'

해야 하는 문은 자연스럽게 밀고 통과하는데, 'Pull'해야 하는 문 앞에서는 'Push'를 떠올리느라 잠깐 멈칫한다. 내 영어 실력이 유독 'Pull'이 '밀다'인지 '당기다'인지 헷갈리긴 하지만 숫자를 잘못 알아듣는 정도는 아니다.

무거운 배낭을 짊어지고 에스컬레이터도 없는 육교를 두 번 건너 오가야 했다. 먼저 내가 타야 할 열차의 칸 번호와 좌석 번호를 각 객차의 탑승구 바깥에 붙여 놓은 승객 명단에서 확인했다. 열차의 뒤쪽에 있는 AC3칸에 내 이름이 없다는 걸 확인했을 때쯤 역무원이 앞쪽에도 AC3칸이 있다고 알려 줬다. 열차의 꼬리에서 머리까지 달려야 했다.

그 순간에는 같은 AC3칸을 무엇 때문에 굳이 열차의 앞쪽과 뒤쪽 두 군데로 나누어 놓았느냐보다 열차가 왜 이렇게 길어야 하는지가 더 원망스러웠다. 인도 열차는 등급이 다른 칸끼리는 통로가 막혀 있어서 아무 등급 칸에나 일단 올라타고 열차 속에서 이동하는 일도 불가능했다.

너무 힘이 들면 포기를 합리화할 이유를 찾게 된다. 나도 짊어진 배낭이 너무 무거워서 잠깐 그런 생각을 했었다.

'여행에서 포기는 선택일 뿐 패배가 아니야!'

달리기를 포기해서 열차를 놓쳤다고 여행이 끝나는 게 아니라는 말이다. 목표한 상황을 포기하면 다른 상황이 기다리고 있는 것이 여행이고, 오히려 더 나은 상황이 기다리고 있을지도 모르기 때문이다. 어쩌면 그 상황이 더 버라이어티하고 서스펜스할지도 모른다.

너무 힘이 들면 신의 존재를 떠올리게 된다. 그 상황을 만든 신의 의도가 무엇인지 궁금해진다. 마지막 힘을 다 쏟아부으면 그 결과에서 비로소 그 의도를 알 수 있을 것 같다. 그래서 스스로를 임계 질량의 경계까지 몰고 간다. '오기(傲氣)'라는 이름으로 불리는 감정이 솟구치는 것이다.

무작정 달려 앞쪽 AC3칸에 도착할 때쯤 기차가 움직이기 시작했다. 놀란 나는 명단 확인할 틈도 없이 무작정 AC3칸에 올라탔다. 내 좌석이 어딘지는 차장이 지나가면 물어보기로 하고, 빈자리를 찾아 어깨에서 무거운 배낭을 내리고 앉았다.

"고통에는 한계가 있다는 것…… 구원은 바로 거기에 있소."

파울로 코엘료의 소설 『11분』에서 랄프와 마리아가 나누었던 대화처럼 고통이 끝나고 드디어 구원을 만난 기분이었다. 30분 넘게 미리 역에 도착했으니 30분을 넘게 무거운 배낭을 짊어지고 뛰어다닌 셈이었다.

빈자리에 앉자 달리기로 데워진 몸의 모든 구멍에서 댐의 수문을 한꺼번에 연 것처럼 일시에 땀이 쏟아져 내렸다. 땀을 닦고 물을 한 모금 마시고 있는데 옆 좌석에서 일가족 3대가 모두 나를 쳐다보고 있었다. 꼬마들은 신기한 듯, 부모는 안타까운 듯, 조부모는 안쓰러운 듯 쳐다보고 있었다.

여행객은 가끔 현지인의 열악한 환경과 궁핍한 삶이 안쓰러워 이런 생각을 하곤 한다.

"어떻게 저렇게 살지?"

때로는 현지인들도 여행객의 고행이 안쓰러워 이런 생각을 하는 것 같다.

"왜 저러고 살까?"

↑ 바느질은 천에 흠집을 내어 옷의 영혼을 손상시키는 행위라고 믿어 바느질한 옷은 부정한 옷이라고 여겼다. 그래서 인도 여성들의 전통 옷 '사리'는 바느질이 없는 폭 1미터, 길이 5~7미터의 통으로 된 옷감이다. (자이살메르, 인도 여인들의 망중한)

02

어쩌면 500겁의 인연

자이살메르 역을 나서면 광장 한쪽에 낯익은 피켓을 들고 있는 일단의 무리를 만난다. 한글로 자신의 게스트하우스 이름을 쓴 팻말을 들고 있는 게스트하우스 직원들이다. 투숙객을 모으기 위해 혹은 미리 예약한 여행객을 픽업하기 위해 나온 사람들이다. 여행가이드북과 인도 여행 카페에서 익히 들었던 숙소가 대부분 다 나와 있었다.

델리를 떠나기 전 숙소를 예약하기 위해 이곳 게스트하우스 주인의 휴대폰 번호로 전화를 걸었더니, 전화기 저편에서 반갑게도 한국말 대답이 들려왔었다. 자신의 이름을 따서 지은 게스트하우스를 운영하고 있는 'Gaji Khan'이 자신의 팻말 쪽으로 접근하는 나를 알아보고 무리 뒤편을 돌아 미소를 머금고 나한테 다가왔다.

"어서 오세요. 형님!"

'Gaji'의 차로 기차역에서 숙소로 오는 길에 먼저 눈에 들어온 것 세 가지는 도시 전체를 이루고 있는 황토색과 자동차가 달리는 도로에 아랑곳 않고 널브러져 있는 소 떼와 멀리 도시 어디에서나 볼 수 있는 거대한 자이살메르 성이었다.

자이살메르는 아라비아, 페르시아, 이집트, 아프리카, 유럽으로까지 이어진 무역로였던 타르 사막(Tar Desert)에 860년 전 세워진 자이살메르 성(城)을 중심으로 건설된 요새 도시이다. 자이살메르 성은 성벽을 이루고 있는 황토색이 햇살을 받아 빛나는 모습 때문에 '황금의 요새'라 불리고, 역시 황토색이 주를 이루는 이 도시는 '골든 시티(Golden City)'라고 불리며 사막의 평지 위에 산처럼 솟아 있다.

성(城)의 시작은 짐승으로부터 자신과 가족들을 보호하기 위해 세우기 시작한 낮은 울타리였을 것이다. 짐승의 공격을 막기 위해 세우기 시작한 울타리가 인간의 공격을 막기 위해 거대한 구조물로 변한 것이다. 경계를 대하는 짐승과 인간의 차이는 상대가 세워 놓은 경계를 보면 그것이 무슨 뜻인지 알아듣느냐와 못 알아듣느냐에 있다.

짐승은 울타리 하나에 넘기를 포기하지만 인간은 거대한 성벽에도 허물고 넘으려고 달려든다. 짐승은 알아듣는데 인간은 못 알아듣는다. 그래서 낮은 울타리는 짐승으로부터 자신들을 보호할 수 있었지만, 산 같이 세운 성벽은 가끔 보호하지 못하고 무너져 내렸다. 그것이 역사적으로는 건축기술과 병기(兵器)를 발전시킨 모티브가 되긴 했지만, 현실적으로는 수많은 희생과 낭비를 낳는 모티브도 되었다.

성벽은 점점 더 높아지고 길어졌고 희생과 낭비는 점점 커져 갔다. 적의 공격을 막기 위해 점점 자신을 두꺼운 벽 속에 가두어야 했다.

그것이 우리가 '발전'이라고 부르는 과정이었다. 세상이 발전할수록 현대의 인간들이 점점 감옥 속에 갇힌 외톨이가 되면서 오히려 더 공격적으로 변하고 있는 것이, 내 성은 남이 못 넘게 더 튼튼하게 쌓으면서 남의 튼튼한 성은 넘고 싶어 하는 것과 닮았다고 하면 너무 비약이 심한 걸까?

카스트는 그 계급을 상징하는 색이 있다. 브라만은 흰색, 크샤트리아는 붉은색, 수드라는 검은색, 바이샤는 노란색 등이다. 그러나 해뜨기 직전의 세상은 색깔이 없는 흑백이다. 세상의 시작은 그랬다고 말하는 것 같다. 색깔도 계급도 없이 공평하게 시작했다고 말하는 것 같다. (자이살메르, 성 전망대에서 바라본 아침 풍경)

도시를 가로지르는 길 위에는 덩치가 성(城)만 한 소들이 여기저기 널브러져 있다. 차가 지나가도 뻗은 다리를 오므릴 생각도, 차선을 넘어 늘어뜨리고 있는 꼬리를 접을 생각도 하지 않는다. 마치 '누구든 내 다리 치기만 해 봐, 내 꼬리 밟고 가기만 해 봐!'라고 하는 것 같다. 차가 멈춰야 하고 차가 피해 가야 한다.

남이 세운 성(城)도 무너뜨리는 인간이 소의 꼬리는 넘지 못하고 피해 간다. 그러고 보면 거칠고 공격적인 인간의 본성을 누그러뜨릴 수 있는 것은 종교의 힘뿐이지 싶다. 성도 넘는 인간에게 소꼬리를 못 넘게 하는 것은 소가 등 뒤에 종교라는 든든한 백을 갖고 있기 때문이다. 아이러니한 것은 그 백을 인간이 주고 인간이 그 백 때문에 조심해야 한다는 것이다.

↑ '타르사막에 세워진 소나르 킬라', '모래 황무지에 세워진 황금의 요새'란 뜻이다. 성안에 우물을 갖춘 덕에 여전히 많은 사람들이 살고 있고, 저녁 일몰에 비친 모습도 여전히 황금색으로 빛났다. (자이살메르, 성 입구에서 바라본 성벽)

내가 묵는 게스트하우스 옥상에는 옛날 페르시아 분위기의 휴식 공간이 마련되어 있다. 싸구려 카펫 위에는 낮고 작은 티 테이블이 몇 개 놓여 있고, 테이블 주변에는 알록달록한 무늬의 쿠션이 팔 받침이나 베개로 쓰기 좋게 널려 있었다. 공간 가장자리로는 햇빛을 가리는 얇은 천이 늘어뜨려진 채 작은 바람에도 크게 휘날리고 있었다.

루프식당에서 식사를 마친 여행객이나 시간이 남는 여행자들이 이곳에서 짜이 차를 마시거나 여행담을 나누거나 나처럼 노트북을 들고 와서 여행 정보를 검색하거나 낮잠을 잔다. 젊은 친구들이 뒹굴뒹굴하는 데 방해가 될까 봐 그냥 지나치다가 마침 아무도 없는 시간에 제일 편한 자리를 잡고 짜이 차를 한 잔 주문하고 노트북을 펼치고 앉았다.

↑ 자이살메르 성은 76미터 높이의 트리쿠타 언덕에 9미터 높이로 세워졌으니 사막 평지에서는 85미터에 해당하는 높이다. 이 아찔한 높이가 2미터도 안 되는 사람들이 넘는 걸 막으려는 높이다. (자이살메르, 성벽에 선 남자)

찻잔의 바닥이 보일 때쯤 두 명의 청년이 오더니 내 앞에 크게 드러누웠다. 나이도 비슷해 보이고 누운 길이도 비슷해 보이는 두 친구가 서로 다른 찐한 경상도와 징헌 전라도 사투리로 대화를 나누고 있기에 내가 물었다.

"여행지에 사투리 쓰는 사람들이 많네. 집들이 어딥니까?"

"부산입니다."

그중 잘생긴 친구가 몸을 일으키며 대답했다.

"나도 고등학교까지는 부산에서 나왔는데…….."

"그렇습니까? 어느 고등학교 나오셨습니까?"

청년은 자신에게 별로 유리할 게 없을 질문을 던지고 말았다.

"'J'고등학교 나왔습니다. 1횝니다."

최인훈은 갑자기 무릎을 꿇고 허리를 곧추세우고 앉았다.

"선배님, 저…… 30횝니다!"

옆에 누운 친구에게도 물었다.

"여행 끝나면 뭐합니까? 복학 아니면 졸업?"

똘똘해 보이는 친구 역시 몸을 일으키며 대답했다.

"4월에 군대 갑니다."

"4월에 군대 가는 사람 많네. 델리에서 만난 두 친구도 4월에 군대 간다고 하던데."

"……."

"배낭여행 마치고 입대하면 훈련이 덜 힘들게 느껴지긴 하겠네요."

"정보 장교로 입대해서 훈련은 그리 힘들지 않습니다."

"델리에서 만난 친구도 정보 장교로 입대한다던데? 5년 의무 복무!"

최영철도 허리를 세우고 바로 앉았다.

"혹시 그 친구가 병곤이 아닙니까?"

게스트하우스 옥상 휴식 공간에서는 멀리 자이살메르 성(城)이 한눈에 들어온다. 900여 년 전 자이살라(Jaisala) 공이 방어를 목적으로 사막 한가운데 솟아 있는 트리쿠타 언덕(Trikuta Hill) 위에 세운 것이다. 자이살메르에 머무는 동안 나는 아침저녁으로 '황금의 요새'라는 뜻의 '소나르 킬라'라고 불리는 그 성에 올랐다.

성벽 끝에 걸터앉아 아침에는 동쪽 전망대에서 해뜨기 전 물안개가 피는 장관에 빠져들었고, 저녁에는 서쪽 전망대에서 해지는 붉은 석양 속으로 빠져들었다. 이 성이 세워진 이래 망루를 지켰던 수많은 병사들이 하루를 시작하며 빠져들었을 아침 물안개일 것이고, 이 성에 살았던 수많은 주민들이 860년 동안 세월에 하루씩을 더 쌓아 가며 살았을 하루가 지는 모습일 것이다.

망루의 병사도 사라졌고, 너무 오랫동안 반복되고 익숙해진 일이라 주민들도 흥미와 관심을 잃어버린 일에 이제는 낯선 여행자가 어둑어둑한 시간에 찾아와서 빠져들었다가 어둑어둑한 시간에 빠져나간다. 옛날, 어느 청년병사가, 그 병사를 흠모했을 어느 소녀가 피어오르는 물안개를 보며 가슴 설렜을 하루에, 어느 노인이 지는 석양을 보며 안타까워했을 하루에 여행자도 같이 설레고 안타까워한다. 그래서 그 청년과 그 소녀와 그 노인과 여행자는 '하루'와 '자이살메르 성(城)'이라는 사라지지 않은 매개체를 통해 오늘 다시 만난다.

여전히 아침마다 피어오르는 물안개와 여전히 저녁에 석양을 배경으로 기우는 해라는 피사체를 같은 시선으로 바라보며 망루의 돌 바닥에 엉덩이를 대고 900년 전의 체온을 느낀다. 어쩌면 불교나 힌두교, 자이나교의 뿌리였던 브라만교에서 말하는 인연이거나 업보이거나 알 수 없는 인과응보일지도 모른다. 나를 인도로 불러온 것도, 자이살메르로 데려온 것도 그런 인연과 업보의 결과일지도 모른다. 900여 년 전과 현재가 사막의 바람을 맞으며 조우하는 과정일지도 모른다.

멀리 보이는 자이살메르 성(城)과 내 시선 사이에서 햇볕을 가리는 얇은 천이 실바람에 휘날리고 있었다. 마치 옛날을 고스란히 다 보여주지는 않으려는 듯, 이미 본 것을 쉬 잊게 만들려는 듯 자이살메르 성(城)을 가렸다 보였다 하며 가볍게 휘날리고 있었다.

그 앞에 청년 두 명만 성(城)처럼 움직이지 못하고 바른 자세로 앉아 있었다. 자이살메르 게스트하우스 루프에서 고등학교 30년 후배를 만난 것도, 이 넓은 땅에서 병곤과 헤어진 친구를 만난 것도 인연이고 업보일지도 모른다. 다음 날 한 팀으로 1박 2일간의 사막투어를 함께 떠날 수 있었던 걸 보면, 어쩌면 900여 년 전의 자이살메르를 만난 것보다 더 오래되고 질긴 인연일지도 모른다. 불교에서 그러지 않았나. 옷깃을 스치는 인연은 1겁의 인연이지만, 하루라도 같이 여행을 하는 것은 500겁 인연이라고!

03

잘못은 별에
있는 게 아니었어!

오후 2시경 게스트 하우스에서 지프를 타고 한 시간쯤 달려 쿠리에 도착했다. 그곳은 낙타를 타고 사막으로 떠나는 곳답게 흙으로 만든 거친 벽돌로 지은 집들이 옹기종기 모인 작은 동네였다. 걸어서 동네를 한 바퀴 둘러보는 사이에 낙타 몰이꾼들이 출발할 준비를 마쳤다.

우리는 자신의 육봉(肉峰) 속에 간직한 지방을 다 소비하면 마지막으로 낙타초(草)를 씹는다는 신비의 동물 낙타의 등에 올랐다. 육봉 속의 영양분까지 다 소비하고 나면 절명의 순간에 낙타초의 가시를 씹어 자신의 입속에서 피를 내어 마신다는 낙타이다. 그러나 진실은 낙타의 입속 표피가 가시로도 뚫리지 않을 만큼 단단해서 가시를 곧잘 먹는단다.

나는 어릴 적 펭귄과 함께 낙타를 외계 동물일 거라고 의심한 적이 있었다. 생김새도 움직임도 지상에서 살기에는 너무 특이하고 불편해 보였기 때문이다. 펭귄의 짧은 다리처럼 낙타 등에 솟은 흉한 혹도 분명 외계와 같은 특이한 환경에서나 필요한 것처럼 보였다.

이 외계 동물은 특이하게 엉덩이를 먼저 들고 일어서고 앞다리를 먼저 굽히고 앉았다. 넋 놓고 앉아 있다가는 앞으로 꼬꾸라져 낙타 등에서 떨어지기 십상이다. 다른 동물들처럼 앞발 먼저 일어서고 엉덩이 먼저 앉으면 저도 편하고 나도 안전할 텐데 이 동물은 그게 피차에게 좋다는 걸 모르는 모양이다. 사막을 다니는 동물이 저 혼자뿐이어서 남들은 다 그렇게 하는 걸 못 본 동물이다. 오죽하면 낙타를, 봐주는 이가 없어 사막에 길게 드리워진 그림자에서 등에 혹이 있는 것을 보고 자신이 낙타란 걸 아는 동물이라고 했을까. 그런 걸 보면 여전히 지구에서 진화가 덜 된 외계 동물일 거라는 의심을 지울 수가 없다. 설사 외계 동물이 아니라고 하더라도 외계에서 온 동물과 다르다고 할 만한 이유도 찾을 수가 없다.

별이 쏟아져 내렸다. 쏟아지는 게 아니라면 내 몸이 그 속으로 빨려 들어가고 있었다. 잠깐 동안 내가 하늘 아래에 있는 것인지 하늘이 내 아래에 있는 것인지 혼돈이 찾아왔다. 원근감이 사라진 시각적 진공 상태에 빠진 것 같았다. 이렇게 많은 별을 본 것이 언제였던지 기억이 가물가물하다.

예닐곱 살 때쯤 한여름 밤, 시골집의 마당 평상에 드러누워 은하수를 본 기억이 난다. 그때 옆에는 항상 모기를 쫓는 모닥불이 피워져 있었다. 그래서 별을 본 기억을 떠올리면, 항상 장작불 타는 연기와 그 메케한 냄새의 기억이 같이 떠오른다.

그때는 별을 죽은 사람의 영혼이라고 믿었었다. 죽은 영혼이 하늘로 올라가서 그곳에서 대기하고 있다가 순서가 되면 다시 지상으로 내려온다고 믿었다. 밝게 빛나는 별이 막 세상에서 올라간 영혼이라 믿었고, 별똥별이 순서가 되어 지상으로 다시 내려오는 영혼이라고 믿었다. 별똥별이 떨어진 지점 어딘가에서 그 영혼의 도착을 알리는 아기의 울음이 우렁차게 터질 거라고 생각했다.

하룻밤에 운 좋아야 저 많은 별 중에서 별똥별을 몇 개쯤 볼 수 있었으니, 죽은 영혼이 다시 세상으로 내려오려면 무척 오랜 시간 동안 하늘에서 기다려야 한다는 것을 알았다. 내 주변에 먼저 돌아가신 분들과 하늘에서 만날 수는 있어도 이 땅에서 다시 만나지 못하는 것은 바로 이 땅에서 사는 시간보다 하늘에서 기다려야 하는 시간이 훨씬 길어서이기 때문이라고 믿었다.

그렇게 하늘의 영혼과 땅의 영혼이 서로 줄고 늘기를 반복하다가 어느 때가 되면 지상의 영혼이 모두 하늘의 별이 되고, 별이 된 영혼의 숫자만큼 별들이 이 땅으로 내려오는 줄 알았다. 어느 때부터인가 땅에 사는 인구가 급격히 늘어나고 하늘에 별들의 숫자가 현격히 줄어들었지만, 어쨌든 사람이 별이고 별이 곧 사람이라고 생각했었다.

새벽 4시 눈을 떠 보니 눈앞에 펼쳐진 것은 별 밭이었다. 내 육신은 사라지고 안구만 남아 별 속에 떠 있었다. 내가 별 무리 속에서 한 개의 별이 되어 있었다. 밤늦게까지 피워 두었던 장작불 냄새가 간혹 모래바람에 실려 코끝으로 전해 오는 듯했다. 밤새 은근히 부는 사막바람에 그 냄새가 아직 남아 있을 리 없었지만 어릴 적의 기억이 메케한 냄새를 코끝에서 만들어 내고 있었다.

차가운 사막바람에 얼굴이 시려 눈만 내놓고 얼굴 전체를 목도리로 덮어 눌렀다. 밤새 추위와 불편함에 뒤척이느라 잠을 못 이뤘는데도 정신은 숙면을 하고 깨어난 것처럼 맑았다. 별의 존재를 잊고 산 지 50년쯤 된 것 같다. 하늘에 별이 있고 은하수가 있다는 사실을 까맣게 잊고 지냈다. 그 긴 세월 동안 별을 찾을 생각도 하지 않았고, 죽은 영혼들의 행적이 궁금하지도 않았다. 심지어 관심을 가지고 하늘을 올려다볼 생각조차 별로 하지 않았다.

하늘은 그냥 세상이 생겨난 이후 계속 무채색이고, 깊은 우물 속처럼 암흑의 지대이고, 땅이 비워 놓은 공간일 뿐이라고 여기며 살았다. 별에 무관심해지기 시작한 것은 아마 학교에서 행성이 빛나는 이유가 태양 빛을 반사하기 때문이고 항성이 빛나는 이유는 핵융합으로 생긴 빛 때문이라고 배웠을 때쯤인 것 같다. 마음속에서 별에 대한 신비로움이 사라질 나이 때쯤 교육이 별의 실체를 알려 주었었다.

그즈음에 땅이 유난히 밝아지기 시작했고, 하늘은 유난히 흐려지기 시작했다. 땅에 내려온 별이 급격히 늘어나기 시작했고, 하늘의 별이 하나둘 사라지기 시작한 것이다. 그렇게 별에 대한 신비로움은 사라졌고, 별도 더 이상 예전처럼 우리에게 나타나지 않았다. 어느 시인은 자신의 눈 먼 늙은 개를 이렇게 위로했다. "별들도 낮에는 장님이 된다."고. 땅이 밝아지면서 시인의 말처럼 별들도 장님이 되고 만 줄 알았다.

50여 년 만에 사막의 하늘에서 만난 별은 메케한 나무 타는 냄새를 맡으며 어릴 적에 내가 보았던 그대로였다. 세상으로 내려온 영혼과 하늘로 올라간 영혼이 수의 균형을 맞추며 여전히 하늘을 빼곡히 채우고 있었다. 내가 나이를 먹는 동안 별들도 같이 빛을 잃은 줄로만 알았다. 어릴 적 찬란하게 빛나던 모습은 나처럼 별들에게도 추억이 되고 만 줄 알았다.

프랑스 사진작가 에릭 뒤낭은 "별들에게 몇 살쯤 먹어야 빛날 수 있다는 법칙은 없다."고 말했다. 그럼 몇 살쯤 지나면 비로소 빛을 잃게 된다는 법칙도 없을 것이다. 50년이 지나도 변함없이 눈부시게 빛나고 있었고, 하늘로 갓 올라간 영혼들은 여전히 더 밝게 빛나고 있었다.

사람들만 몇 살쯤 되면 자신이 빛을 내야 한다고 생각할 뿐이고 또 그 시기가 지나면 빛을 잃고 만다고 생각할 뿐이다. 사람만 청춘은 떠오르는 태양이고, 황혼은 지는 태양이라고 생각할 뿐이다. 셰익스피어가 카시우스에게 보낸 편지에 이렇게 썼다지.

"잘못은 별에 있는 것이 아닐세. 우리 자신에게 있다네."

여기에 오지 않았더라면 나도 그런 줄 알았겠다. 사막의 별을 보지 않았더라면 나도 빛을 잃어 가는 줄 알았겠다.

↑ 얼굴이 안 보일 때 오히려 표정이 더 다양하다. (자이살메르, 같이 사막 투어를 했던 일행)

삶이 흔들릴 때 · 인도 ·

Travel to India

↑ '인훈'은 사막이 처음이다. 처음 온 티가 난다. (자이살메르, 사막 투어)

↑ 낙타는 사막에 익숙하다. 익숙한 태가 난다. (자이살메르, 사막 투어)

04

자이살메르에서
길을 걷는 법

사람의 행동 기능 중에 걷기만큼 오래되고 완성된 행동이 또 있을까? 배우면서부터 실패의 아픈 맛을 보면서 터득한 몇 안 되는 완성된 행위 중 하나가 걷기이지 싶다. 실패의 결과를 상처라는 직접적인 고통으로 느끼면서 배운 유일한 행위일 것이다.

따지고 보면 인간이 태어나 습득한 행위 중에 완벽하게 완성된 것이 그리 많지 않아 보인다. 나이 들어서도 "말을 함부로 한다.", "손을 함부로 놀리지 마라.", "어딜 쳐다봐?", "똑바로 들어!"라는 소리를 여전히 듣고 사는 것을 보면 그렇다. 그에 비해 "함부로 발을 놀리지 마라."는 소리는 안 듣는 것을 보면 그렇다. "똑바로 걸어!"란 소리는 걸음을 배울 때 들어 본 후 안 듣고 사는 것을 보면 그렇다.

인간은 걸음을 배울 때쯤 말을 배우고, 생각을 표현하는 수단인 말을 시작하는 것은 생각을 하기 시작했다는 증거이므로 흔히들 걷는 것과 생각하는 것은 연동된 행위라고들 한다. 걸으면 생각이 잘 정리되는 이유가 그래서란다.

프랑스 철학자 몽테뉴는 그래서 "다리를 흔들어 놓지 않으면 정신은 움직이지 않는다."고 했고, 프랑스의 사상가이자 소설가인 장 자크 루소는 "걸음을 멈추면 생각도 멈춘다. 나의 정신은 언제나 나의 다리와 함께 작동한다."고 했다. 또 그리스 철학자 아리스토텔레스가 걸으면서 강의도 하고 토론도 했다 하여 그의 학파를 '산책하다'는 뜻으로 '소요학파(Peripatetisme)'라고 부른다.

그래서 여행도 타는 여행보다는 걷는 여행이 좋다. 걷는 것이 여행의 공간뿐 아니라 명상의 공간까지 열어 주기 때문이다. 그래서 여행자에게 걷는 일은 보는 일, 먹는 일보다 더욱 중요하다.

인도에서 일주일이 넘었는데 아직도 적응 안 되는 것 중 하나가 우리와는 다른 좌측통행이다. 차선이나 건널목이 변변히 없는 이곳에서는 차가 오는지를 제대로 보고 건너야 하는데, 습관대로 항상 왼쪽, 이미 지나간 차의 꽁무니를 먼저 보게 된다. 의외로 이곳 사람들이 걸을 때 잘 지키는 것 중에 하나가 좌측통행이다.

우측통행에 익숙한 나는 항상 다른 사람들의 통행을 거슬러 걷고 있는 나를 발견하고 얼른 반대편으로 걸음을 옮기기 일쑤였다. 여기 사람들이 좌측통행을 지키는 이유는 아마 차가 알아서 사람을 피해 가야 한다는 무언의 약속 때문인 것 같다. 차와 사람이 마주 보게 되면 서로 피하려다 사고가 날 수 있기 때문에 같은 방향으로 걷기로 약속한 모양이다.

초경 이전의 여아들은 신성을 가지고 있다고 여겨 좋은 대우를 받는다. 하지만 초경을 거치면 그 여자아이는 이미 오염되었다고 간주된다. 생리 중인 여성은 부엌에 들어갈 수 없다. 오염되었기 때문이다. (자이살메르, 물 길러 가는 사막의 여인들)

실제 오토바이가 경음기를 울려 대는 이유가 '길을 비켜 달라'는 뜻보다는 '내가 비켜 갈 테니 움직이지 마'의 의미처럼 보인다. 경음기 소리에 놀라 움직였다가는 오히려 오토바이나 오토릭샤에 받히기 십상이다. 그렇지 않고서야 차와 사람이 뒤섞인 이 좁은 길에서 오토바이들이 저렇게 경음기를 울려 대면서 빠르게 달릴 수가 없다. 그렇지 않고서야 이 좁은 시장 골목에서 사고를 한 번도 못 봤을 리가 없다.

자이살메르에서 조심해야 할 게 또 있다. 길에 널린 소똥이다. 복숭아뼈 화상 때문에 어쩔 수 없이 쪼리를 사서 신고 다녀야 했던 내가 차보다 더 조심해야 할 것이 소똥이었다. 차에 받히는 것보다 왠지 소똥

밟는 게 더 싫었다. 피 흘리는 일보다 똥 묻히는 일이 더 싫었다. 가급적 모든 걸 체험해 보기로 했던 내 거룩한 여행의 목록 어디에도 소똥 밟아 보기는 없었다.

인간의 가장 완성된 행위가 여행지에서 불편해졌다. 오토바이, 좌측통행, 소똥 같은 것들 때문에 걸음이 불안해졌다. 2백만 년 전부터 인류의 손을 자유롭게 만들었고, 일어서서 멀리 볼 수 있게 하였고, 생각을 자유롭게 했던 걷기라는 진화된 행위가 갑자기 불편해지고 불안해진 것이다. 특히 여행자는 걷기가 자유로워야 호흡이 고르고 소화가 잘되고 영혼이 풍요로워진다. 걸음이 구속된 여행자는 감금된 개처럼 숨만 거칠고 힘만 빠질 뿐이다.

자이살메르에서 여행자들은 발을 가장 중요하게 다루고 조심해서 다루어야 한다. 뒤에서 달려오는 오토바이에 부딪히지 않고 골목 풍경에 시선을 놓치지 않으려면 황소걸음으로 조심해서 걸어야 한다. 소똥을 밟지 않고 자이살메르 성을 멀리서 바라보며 걸으려면 적어도 열 발자국 앞쯤 디딜 자리를 미리 봐두고 발을 떼는 방어 걸음으로 집중해서 걸어야 한다.

인도 사람들은 발을 천시한다. 발을 천히 여기는 이유는 카스트의 가장 낮은 계급인 수드라가 창조신화에 나오는 거인 뿌루샤(Puruṣa)의 신체 중 가장 낮은 곳, 발에서 생겨났다고 믿기 때문이다. 인도 최고의 인사법은 자기의 이마에 손을 댔다가 그 손으로 상대의 발을 만지는 것인데, 내 머리가 당신의 발처럼 낮다는 겸손의 표시이다.

거기다 천한 발을 감싸는 신발은 죽은 동물의 가죽으로 만든 것이라 더럽다고 간주한다. 그래서 신전에 들어갈 때는 신발을 벗어야 하고, 푸쉬카르의 가트에서는 벗은 신발을 가트의 바닥에 놓아서도 안 된다. 소똥은 허용되었지만 신발은 허용되지 않았다. 신을 만나는 신성한 장소에서 똥 누는 짐승은 용서가 되었건만, 신발을 신은 사람은 야단을 맞았다.

그런 인도에서 여행자도 발을 천하게 다루어야 한다. 죽은 동물의 가죽으로 만든 신발도 더럽다고 여겨야 한다. 무엇보다 여행자의 걸음은 오토바이에 의해 방해받아서도, 짐승의 배설물 때문에 막혀서도 안 된다. 여행자의 걸음은 바람처럼 거침이 없어야 하고 물살처럼 이어져야 한다. 인도 사람들의 능숙한 운전 솜씨가 여행자의 걸음을 피해 갈 것이다.

인도의 도로는 어차피 소똥이 말라 부서진 가루로 포장된 길이었다. 신발에 묻어서 말라 부서지나 말라 부서져서 신발에 묻으나 소똥이긴 매일반이다. 설사 부딪치더라도 천한 발 탓으로 돌리면 그만이고, 밟더라도 천한 발이라 여기면 될 일이다. 신발은 푸쉬카르의 가트에서도 허용되지 않는, 소똥보다 더 더러운 것이라 치부하면 그만이다.

그리고도 여행이 끝날 때까지 소똥을 피할 수 있는 요행을 누릴 수 있다면, 인도에 3억3천만 명이 넘는 신 중에 내 발끝을 보살핀 신도 있었나 보다 여기면 된다. 발을 똑같은 신체의 일부라고 중히 여기는 이상한 나라에서 온 이방인 손님으로 대접받았다 여기면 된다.

↑ 문 연 공장, 문 닫은 가게들. 찾는 사람이 없긴
마찬가지다. (자이살메르, 골목 풍경)

05

인도에 오니 차도가 있네!

여행을 떠나올 때 컨디션이 최악 수준이었다. 한 달 동안 달고 살았던 감기의 기세는 다소 진정되는 듯싶긴 했지만 여전하였고, 자이살메르 사막 투어 체험을 한답시고 침낭에서 자다가 발밑에 넣어 둔 핫팩에 입은 화상으로 왼쪽 복숭아뼈에는 복숭아씨만 한 물집이 생겨 걸을 때마다 신발에 닿아 아팠고 상처에 물집이 계속 잡혔다.

앞어금니 하나가 흔들리고 아파서 일주일째 치과를 다녔는데 나이 든 의사는 별로 나아지지 않은 상태를 모두 자신의 솜씨 탓인 양 답답해했고, 나는 그런 의사에게 그게 전적으로 내 탓인 양 미안해했다. 출발 사흘을 앞두고 난생처음 영양제 주사를 맞았고, 출발 전날에는 내 화상보다 내 여행에 더 관심이 많았던 피부과 여의사한테서 여행 중에 물집에서 물 빼내는 법과 압박붕대 감는 법을 배웠고, 늙은 치과 의사에게는 진통제를 한 움큼 받는 대신 스스로를 탓하는 일을 잠시 미루기로 했고, 보건소에서 장티푸스 주사를 맞고 두 달 치의 말라리아 예방약을 받았다.

배낭의 무게는 불안감의 크기이다. 불안감이 한계를 넘어섰는지, 내 배낭은 이미 배부른 돼지의 허리처럼 부풀어 있었다. 꼭 필요한 것들, 있으면 편리할 것들, 인도의 수준이 의심되는 것들, 만에 하나를 대비하는 것들이 자리를 다투듯 배낭을 채웠다. 열흘 치의 감기약, 화상약, 진통제, 말라리아 예방약, 압박붕대 그리고 평소 복용하던 부정맥약 등 나이가 늘면서 양도 같이 늘어난 것들이 구급대원들처럼 배낭의 가장 위쪽에서 비상 대기하듯 공간을 차지하고 있었다.

집을 떠나던 날, 이것들이 모두 내 발길을 막고 나섰다. 내 발걸음을 못 떼게 하려는 듯 터질 듯한 배낭의 중량은 내 다리를 무겁게 눌렀고, 감기약의 약효는 내 두 다리를 후들후들 흔들어 댔고, 복숭아뼈의 화상은 내 발목을 잡았다.

시간이 지나면 적어도 배낭의 무게는 가벼워질 줄 알았다. 악명 높은 델리의 스모그는 내 감기가 쉽게 떨어지는 걸 두고 볼 것 같지 않았고, 부지런히 걸어야 하는 배낭여행자의 사명은 화상의 물집에서 물이 마르는 것을 허용하지 않을 줄 알았다. 치과 의사도 못한 일을 여행이 해결해 줄 리는 만무했다.

아픈 것들의 증세가 가벼워지지는 않더라도 가지고 간 팩 소주나 컵라면, 원두가루 같은 먹을 것들이 없어지면 배낭은 가벼워질 줄 알았다. 그러나 감기는 델리에서 떨어졌고, 화상은 우다이뿌르에서 아물었고, 치아의 통증은 모르는 사이에 사그라졌는데 정작 배낭의 무게는 도시를 지날수록 가벼워질 줄을 몰랐다. 부족한 여름옷을 몇 벌 산 것 말고 더 담은 것도 없는데 말이다.

배낭의 무게가 불안감의 무게라면, 여행의 재미가 늘어나면서 그만큼의 불안감은 줄어든 줄 알았다. 배낭의 무게가 업보의 무게라면, 이 나이에 이 정도의 도전을 했다면 내 업보에서 적어도 술, 컵라면, 원두가루 정도의 무게는 빼 줄 줄 알았다. 아무튼 줄어야 할 배낭의 무게만 줄지 않았고 걱정했던 감기와 화상과 치통은 나았다. 감기약이 다리만 흔들지 않고 화상 물집이 발목만 안 잡으면 배낭의 무게를 지는 것쯤은 아직 거뜬하다. 치아가 어떤 음식이든 씹어 삼켜 주기만 한다면 소화시키는 일쯤은 아직 거뜬하다.

내 컨디션을 걱정하는 아내의 카톡 문자가 저녁마다 왔다.

"감기는 어때?", "물집은 여전해?", "어금니는 괜찮아?"

나는 답장을 보냈다.

"인도에 오니까 차도가 있네!"

↑ 불가촉천민은 종종 웃옷을 벗고 다닌다. 자신들의 더러운 옷소매가 상위 계급의 몸에 닿아서는 안 되기 때문이다. (우다이뿌르, 씻은 몸을 말리고 있는 청년)

↑ 인도 13억 인구의 65퍼센트가 35세 이하이
고 국민의 평균 나이는 26.7세로 젊다. 인도
를 성장 가능성이 높은 국가로 보는 이유이다.
(우다이뿌르, 강 가에서 노는 아이들)

↑ 인도 여성들은 '라마'처럼 한 여인만을 사랑하
는 신랑을 만나고 싶어 한다. 인도 남성들은 남
편을 신과 같이 받들고 지조를 지키는 '시타'
같은 신부를 이상적인 아내로 생각한다. 자기
중심적 배우자 관은 세계 공통으로 보인다.
(우다이뿌르, 강 가의 남녀)

06

넘치는 것들,
어쩌면 여전히 부족한 것들

힌두교에서 소를 숭배의 대상으로 삼는 것은 소가 신과 관련 있는 동물이기 때문이다. 파괴의 신 '시바'의 탈 것인 '바하나'가 수소인 '난딘'이었고, 자비의 신 '크리슈나'는 암소의 보호자였기 때문이다. 그러나 역사적으로 소를 숭배하게 된 것은 소의 숫자가 줄어드는 것을 막기 위해서였다고 한다. 소의 개체 수가 점점 줄어들어 농사나 운송에 지장을 주자, 제사장에 해당하는 브라만 계층에서 소를 먹지 못하게끔 신들을 이용한 것이었다.

그들은 악마도 86번의 윤회를 거치면 소가 되고, 87번을 거치면 비로소 사람이 된다는 이야기를 만들었다. 인간 중에 상당수는 전생이 소였고 그중 또 상당수는 87번째 전생에서 악마였을지도 모른다는 의구심을 갖게 해 '짐승만도 못한 인간'과 '인간 같지 않은 인간'을 동급으로 만들었다. 그걸로도 부족하다 싶었던지 암소 속에는 3억3천만 명의 인도 신들이 모두 깃들어 있다는, 암소도 모르는 이야기도 만들었다.

인도에서 도시가 얼마나 청결하냐는 길거리에 나와 있는 소의 숫자에 좌우하는 것 같다. 델리의 변두리와 자이살메르에 비해 우다이뿌르나 조드뿌르의 거리는 비교적 깨끗했다. 확실히 거리에 나와 있는 소의 숫자가 적었다. 소가 거리에 나오는 이유가 쓰레기를 뒤져 먹을 것을 찾기 위해서라고 하니, 거리가 지저분해서 소가 많은 것인지 소가 많아서 거리가 지저분한 것인지 모호하긴 하다.

인도에는 2억 마리가 넘는 소가 있고 그중 1억 마리쯤이 거리에 나와 있다고 한다. 거리에 돌아다니는 개의 숫자도 소의 수에 못지않게 많아 보이는 걸로 봐서 개도 1억 마리쯤 되어 보인다. 아무튼 1억 마리의 소와 1억 마리의 개가 각각 1억 덩어리씩의 소똥과 개똥을 매일 거리에 쏟아 내고 있는 셈이다. 소가 들으면 소 뒷발질하는 소리 한다고 할지 모르겠지만, 이제 소에 관한 신화를 고쳐 써야 할 때가 되어 보인다.

푸쉬카르에 있는 인도에서 유일하게 창조의 신 '브라마'를 모신 사원인 브라마 사원에는 총을 든 경찰이 입구를 지키고 서 있었다. 4개의 머리와 4개의 팔을 가진 브라마는 모든 것을 다 볼 수 있고 인류의 운명을 주관한다고 했다. 그런 신을 모신 곳을 인간이 총으로 지키고 있는 것은 아이러니다. 총으로 막을 대상이 신도들인지 관광객인지 아니면 3억 명이 넘는 다른 신들인지 모르겠지만, 자신의 사당 하나 스스로 못 지켜서 경찰이 지켜 줘야 하는 신에게 인류를 지켜 달라고 빌고 있는 셈이다.

↑ 사파이어를 둘러싼 음모가 줄거리인 영화 〈007 옥토퍼스〉가 무대로 선택했던 곳. 사파이어처럼 빛나는 도시. (우다이뿌르, 피촐라 호수의 레이크 펠리스)

인도인들은 무질서의 편리함에 익숙해진 사람들이다. 질서를 위한 약속은 없어 보여도 편리함을 유지하기 위한 약속은 잘 지켜지는 것으로 보인다. 외지인에게 불편해 보이고 위태로워 보일 뿐 그들은 편안하고 안전해 보인다. 거기에 질서가 개입하면 그들만의 약속이 깨지며 불편해지기 시작한다. 그래서 많은 경찰들이 별로 하는 일이 없어 보였다. 무질서를 지키기 위해 경찰이 있을 필요는 없기 때문이다.

곳곳에 있는 경찰들은 내 눈에는 그냥 존재하는 존재로만 보였다. 그들도 잘 알고 있다는 듯 질서를 개입시키려 들지 않는 것처럼 보였다. 길거리에 모여서 주로 잡담을 나누거나 짜이 차를 마시거나 주저앉아 지나가는 여행객을 구경하거나 은밀한 거래라도 하듯 주변 상인들과 속삭일 뿐이었다.

그래서 사당에 경찰이 무장하고 서 있는 것은 브라마가 자신의 사당을 지키지 못하기 때문이 아니었고, 사람들이 모이는 곳에 경찰이 배치된 것은 인도 사람들이 무질서 때문에 사고를 당할까 봐서가 아니었던 것 같다. 어쩌면 그들은 그저 존재하기 위해서 존재하는 것 같아 보였다.

여행객에게는 경찰이 많아서 좋긴 하다. 길을 묻기도 좋고 위급할 때 찾을 수 있으니 말이다. 정작 위급할 때 그 자리에 있을지는 모르겠지만……. 경찰들이 들으면 무질서의 편안함을 해치는 용의자로 날 체포하려 들지 모르겠지만, 왠지 인도 경찰들의 절반쯤에게는 총과 몽둥이를 든 손에 빗자루도 들리고 싶다.

인도에 사는 신의 수가 3억3천 명으로, 1930년대 조사한 인도 인구 수와 비슷했다고 한다. 80년 만에 인구수가 12억 명으로 4배 늘어났는데, 신도 자기들끼리 결혼도 하고 자식도 낳는 걸 보면 비슷하게 늘지 않았을까 싶다. 그렇지 않았다면 인도의 신들은 지금 4배나 가중된 중노동에 시달리고 있을 게 분명하다.

인도에는 땅에 12억 명이 살고 하늘에 최소 3억3천만 명이 산다는 얘기다. 합이 대충 15억 명이고 어쩌면 24억 명일지도 모른다. 그 숫자가 쓰레기를 버리고 산다. 신이 쓰레기를 버릴 리는 만무하지만, 신과 관련된 쓰레기가 그만큼 될 거라는 얘기다. 김도영의 『12억 인도를 만나다』에 의하면, 인도인들에게 쓰레기는 철저히 '버리는 사람 따로 치우는 사람 따로'라고 했다.

델리의 한 공립학교 교장 선생님이 학생들에게 청소를 시켰다가 인도 유력 신문의 두 면에 걸쳐 비판을 받는 사건이 발생한 적이 있다고 한다. 바라나시로 가는 열차 안에서 같은 좌석에 앉았던 인도 청년이 다 먹은 도시락 쓰레기를 거리낌 없이 차창 밖으로 휙 던지는 걸 보고 나와 서양 친구들은 화들짝 놀랐던 적도 있었다. 인도인들에게 쓰레기는 불필요한 걱정처럼 그냥 버리면 되는 것이었다.

아침이면 청소부 여인들이 거리에 나와 빗자루로 도로를 쓴다. 15억 명이 버린 쓰레기를 대빗자루처럼 야윈 몸이 깨끗하게 쓰는 일은 불가능해 보였다. 빗자루가 지나간 자리에는 다시 쓰레기가 쌓이고 빗자루가 일으킨 먼지만 나무의 잎사귀에, 건물의 지붕에, 사람의 어깨에 뽀얗게 앉을 뿐이다. 인도의 가정주부들은 수시로 집 바닥을 쓸고 물로

닦는다. 대리석 바닥에 쌓인 먼지는 매일 물에 씻겨내려 거리에서 말랐다가 거리의 비질에 날려 대리석 바닥에 도로 쌓인다.

인도 사람들이 들으면 내 말을 쓰레기보다 못하게 여길지 모르겠지만, 이 사람들에게 쓰레기를 치우게 하거나 이 사람들에게 쓰레기 버리는 사람들을 모두 잡아들이게 해야 한다. 총과 몽둥이를 든 손에 빗자루도 든 그 건장한 경찰들에게.

그 나라의 문화와 종교, 질서를 고작 며칠 그곳에 머문 여행객이 제대로 알 리가 없다. 그것들은 나름대로의 오랜 역사와 환경과 사연이 존재해서 만들어진 것들이고 지킬 이유가 있어 변하지 않고 유지되어 오고 있는 것들이다.

"여러 문화 중 특히 종교는 가장 거대한 영역이며 동시에 가장 견고한 제도이다."『느림의 지혜』저자 스튜어트 브랜드의 말처럼 특히 인도에서의 종교는 무엇보다 거대한 영역이며 가장 견고한 제도임에 틀림이 없어 보인다. 더구나 인도인이 말을 잘하는 이유 중 하나가 문화에 대한 우월감 때문이라고 한다. 세계에서 자신들보다 앞선 문화는 없다고 생각할 만큼 문화에 대한 자부심이 강하다는 것이다.

그런 거대하고 견고한 인도의 종교가, 세계에서 가장 앞섰다고 믿는 인도의 문화가 여행객에 의해 평가되는 것은 부당하다 할 만하다. 그러나 내가 사는 곳의 문화와 여행지의 그것을 비교해 보는 것이 여행자가 누리는 권리이자 즐기는 여행의 재미 중 하나라면, 그것은 여행지에 동화되기 전, 내가 가지고 온 그대로의 눈으로 보아야 한다.

인도가 눈에 익기 전에 본 것이어야 횟가루를 뿌린 경계선처럼 객관적이고 선명하다.

인도에 와서 며칠 안 된 여행자의 눈으로 본 소감이 그랬다. 너무 부족한 것도 많았지만, 여행자의 낯선 눈에는 너무 많은 것들도 많았다. 인도 사람들이 들으면 오히려 너희들이 부족한 거라고 우길지도 모르겠다. 어쩌면 많을수록 좋은 것들이라고 우길지도 모르겠다.

↑ 인도에 간 사람들의 사진은 똑같다. 너무 많이 찍는다는 것은 전부 찍어서는 안 된다는 것이다. ─후지와라 신야
(우다이뿌르, 선셋포인트에서 위태롭게 포즈를 취하고 있는 청년)

↑ 힌두인들은 결혼하지 않으면 윤회가 완성되지 않는다고 믿는다. 결혼하지 않고 늙으면 신이 기뻐하지 않는다고 여긴다. 결혼 적령기인 내 딸은 부모도 기뻐하지 않는다는 걸 모르는 눈치다. (우다이뿌르, 창가의 노인)

↑ 이슬처럼 아름다운 도시, 동양의 베네치아라고 불리는 도시. (우다이뿌르, 도시 너머 일몰)

Travel to India

07

무작정 세밀화 배우기

숙소를 나오면 길 건너 Gangua Hotel 1층에 '아쇼카 갤러리'가 있다. 어제 지나가다가 벽에 'Miniature School'이라고 써 놓은 걸 보고 들어가 세밀화 그리기 수강 신청을 하고 왔다. 1시간에 200루피라고만 들었고 어떤 그림을 어떻게 그리는지는 전혀 모른 채 다음 날 오전에 무작정 찾아갔다. 누군가 여행의 질을 윤택하게 하는 단어 중 하나가 '무작정'이라고 한 말을 믿어 보기로 했다.

델리 국립박물관 관람 때 대학원에서 미술을 전공하고 있는 '지연'이 세밀화 관을 관심 있게 오랫동안 관람하는 모습을 등 뒤에서 봤다. 지연은 박물관 숍에서 세밀화 화첩(畵帖)을 사고 싶어 했는데 마땅한 것이 없어 빈손으로 나왔었다. 그런 세밀화를 어제 지나가다가 갑자기 배워 보고 싶었다. 제법 넓은 홀 한편에서 두 명의 화공이 세밀화 그리기 작업을 하고 있었고, 그 오른편 긴 책상에 40대 초반으로 보이는 남자가 갤러리로 들어서는 나를 손짓으로 불렀다.

세밀화(Miniature)는 이슬람 회화의 대표적 화법으로 그 어원에 대한 주장이 몇 가지가 있다. 라틴어 'minimum'이 '소형', '귀여운' 등의 의미가 있는 프랑스어 '미뇽(mignon)'과 결합되어 '작은 그림'이란 뜻으로 쓰였다는 주장과 '붉게 칠하다'라는 뜻의 라틴어 '미니에르(miniare)'에서 나왔다는 주장이다.

후자의 경우도 유럽에서 문자를 장식하던 붉은색 문양으로 쓰이다가 중세 이후 종교 서적의 삽화나 장식에 이용되어 하나의 화법으로 자리 잡았다는 설과 붉은색을 내는 데 쓰였던 붉은색의 납을 뜻하는 라틴어 '미니움(鉛丹, minium)'에서 유래되었을 뿐 작다는 의미에서 유래되었다는 것은 잘못이라고 주장하는 설이 있다. 어떤 주장이 사실인지는 알 수 없으나 지금의 세밀화를 보면 '붉은색'의 의미보다는 '소형', '섬세'라는 의미가 더 연상되긴 했다.

세밀화에 사용되는 염료는 자연에서 얻은 천연염료인데, 예를 들면 흰색은 조개껍데기를 갈아서, 붉은색은 석간주라는 흙으로, 푸른색은 청금석이라는 돌을 갈아서, 노란색은 소의 오줌을 말린 찌꺼기에서 얻는다고 한다. 선생의 말로는 이 염료의 색깔은 영원히 변하지 않는다고 한다. 작은 실크 천에 그림을 그리는 동안 선생은 천연염료 가루를 물에 손가락으로 짓이겨서 색 물감을 만들어 주었다.

12세기 초 서인도의 구자라트와 라지푸트 지역에서 시작된 세밀화는 초기에는 입체감을 나타내는 음영법이 사용되지 않아 공간감이 없는 평면적인 그림이었으나 이후 몽골의 침입으로 원대의 중국 화풍의 영향을 받으면서 입체감을 살리고 원근감을 표현하기 시작했다고 하니, 15세기 이탈리아 르네상스에서 시작되었다고 알려진 서양화의 원근법보다 동양의 그것은 몇 세기를 앞서 시도되었던 모양이다.

문화는 경작하고 재배하는 작물과 같은 것이라고 했다. 물을 주고 햇볕을 비추듯 인위적인 창조와 변화가 입혀지고 정성적(定性的)인 덧셈과 뺄셈이 반복되어 자리를 잡은 것이라는 것이다. 그래서 'Culture'라는 말은 라틴어 'Colore'에서 유래했는데 그 뜻이 '경작'과 '재배' 란다. 특정의 빛을 흡수, 반사 또는 투과한 시각적(視覺) 체험이 곧 색이듯 문화도 특정 토양 위에서 흡수되고 반사되고 투과된 빛이고 색인 것이다.

그래서 다른 문화를 보고 느끼고 체험하는 것은 그 빛을 쬐는 것이고 그 색에 물들어 보는 것이다. 비록 내가 가진 토양이 그 색과 혼합되지 않는다 하더라도 또 다른 채도와 명도의 색깔들을 자라게 하는 토양의 낯선 미생물이 될 수도 있는 것이다. 그것이 좀체 모습을 드러내지 않고 꼭꼭 숨어 있는 내 감성을 자극해서 내 영혼을 지금보다 덜 건조하게 만들지도 모른다. 그것이 여행자가 이국의 문화를 가급적 많이 체험해 봐야 하는 이유다.

나는 지도 선생의 손짓에 따라 자리에 앉으면서 그런 숭고한 사명감과 의무감으로 물들 준비를 하고 싶었다. 그냥 단순한 호기심으로 도전했지만 숭고한 사명감과 의무감 같은 것으로 포장하고 싶었다. 내 반대편 자리에 같이 세밀화를 배울 40대의 프랑스 여성이 앉기 전까지는 그랬다.

세밀화는 남인도를 중심으로 데카니(Deccani) 회화와 인도 중북부를 중심으로 한 무갈(Mughal) 회화, 서인도 라자스탄 지방을 중심으로 라자스탄(Rajasthani) 회화, 북쪽 구릉지를 중심으로 한 파하리(Pahari) 회화 등으로 나눌 수 있다. 그중 라자스탄 회화는 대부분 인도의 대서사시 라마야나(Ramayana)나 인도의 2대 서사시 중 하나인 마하바라타(Mahabharata) 그리고 인도 힌두교의 신 크리슈나(Krishna)의 삶을 주제로 그렸다고 한다.

인도가 영국 식민지로 전락한 이후 인도 세밀화의 전통이 중단되었는데, 사진의 발달이 그 중요한 원인으로 크게 영향을 미쳤다고 하니 국립박물관 세밀화 관에서 그림을 보는 내내 내 어깨에 멘 카메라가 미안하긴 했다.

우다이뿌르는 그런 인도 세밀화의 탄생지로 알려져 있다. 세밀화의 탄생지답게 거리 곳곳에는 세밀화를 그리는 화공들과 그림을 파는 가게들과 여행객들이 세밀화 체험을 할 수 있는 많은 갤러리들이 줄지어 있었다.

지도 선생은 마치 공정한 심판처럼 가운데 앉았고, 프랑스 여성과 나는 선생의 좌우에 경기를 앞둔 선수처럼 자리를 잡고 앉았다. 프랑스 선수에게는 크리슈나 신이 그림 모델로 주어졌고, 한국 선수에게는 코끼리 그림이 주어졌다. 연필로 밑그림을 그리고 세필(細筆)로 그림의 윤곽선을 그리고 그 속에 칠을 해나갔다.

세밀화 그리기는 손놀림이 섬세해야 한다. 손바닥만 한 크기의 실크 천에 가는 선을 그릴 때는 호흡을 참고 손을 따라 붓이 가는 것이 마치 바람이 길을 내듯 붓을 따라 손이 가는 것처럼 해야 선의 굵기가 일정하게 유지된다. 눈의 초점을 붓 끝에 모으고 붓 외의 나머지 공간은 시야에서 지워야 한다.

프랑스 여성은 그림이 뜻대로 잘 안 되는지 수시로 괴성을 질러 댔고 그때마다 나가서 담배를 피우고 오거나 짜이 차를 시켜서 마셨다. 그때마다 지도 선생은 안경을 벗어서 닦았고, 화공들도 나도 가는 붓 끝에 맞추었던 팽팽한 초점을 풀고는 손을 멈추고 고개를 들어야 했다.

세밀한 일에 익숙해져야 할 손놀림이 자꾸 담배를 피우거나 차를 마시는, 세밀하지 않아도 되는 용도로 쓰이니 오늘 중으로 그림을 완성하기는 틀려 보였다. 크리슈나 신이 몸소 나타나 직접 자신을 그리기 전에는 자신의 형상이 프랑스 여성의 손에 의해 완성되는 일은 이루어질 것 같지 않아 보였다. 신들에게는 비교적 손쉬운 일인, 자신의 형상을 인간에게 드러내 보이는 기적은 그녀의 실크 천에서는 일어날 것 같지 않아 보였다.

그녀를 화나게 만든 것이 자신의 무딘 손놀림이었는지, 좀체 모습을 드러내지 않는 크리슈나 신이었는지, 그도 아니면 지도 선생의 칭찬을 받으면서 훨씬 빨리 그림을 완성시켜 가는 나였는지 혼돈스러웠다. 사실 나는 국내에서 1년 가까이 연필 인물화를 배우고 있다. 아직 자랑할 만한 솜씨는 못 되지만 인물화도 눈이 정확해야 하고 손놀림이 섬세해야 한다는 점에서 세밀화 그리기에 도움이 되긴 했다.

그녀에게도 이 체험이 경작하고 재배해야 하는 'Colore' 같은 것이었을 것이다. 그녀가 화방의 문턱을 넘을 수 있었던 것은 그녀 역시 이 문화를 그녀의 토양에 흡수시키고 반사시키고 투과시켜서 새로운 빛으로 조합시켜 보고 싶었던 호기심이 있어서였을 것이다. 내가 의도적으로 가져 보려고 했던 숭고한 사명감과 의무감이 그녀가 지르는 괴성에 무너져 내렸듯이 그녀에게도 그런 의도된 사명감과 의무감이 있었고, 그녀의 그것도 그녀가 괴성을 지를 때 함께 무너져 내렸다면 자신의 그것을 허물고 만 것이 자신이거나 크리슈나 신이지, 내가 아니길 바랐다.

나는 두 시간이 채 안 돼 그림을 완성하였고, 처음 하는 사람이 꽤 잘한다고 갤러리 지도 선생과 화공들의 칭찬을 들으며 자리를 털고 일어섰다. 갤러리를 나서는데 크리슈나 신이 아직도 안 오셨는지 프랑스 여성의 괴성이 더욱 크게 들려왔다. 그녀는 또 담배를 피워 물 것이고 짜이 차를 시켜 마실 것이다. 선생은 또 초조하게 안경을 닦고 있을 게 분명했다.

↑ 영국 사학자인 토마스 카알라일은 '셰익스피어를 식민지 인도와 바꾸지 않겠다'고 했다. 셰익스피어만 기분 좋았겠다. (우다이뿌르, 피촐라 호수에 비친 야경)

↑ 브라만은 세상을 창조하기 위해 먼저 우주의 물을 창조했다. 그리고 그 속에 종자 하나를 심어 두었다. 그리하여 인도인들의 관념 속에는 물이 우주의 근원이라는 신화적 진리가 자리하게 되었고, 그들은 물을 신성시하는 태도를 갖게 되었다. - 차창룡, 『인도신화기행』 (우다이뿌르, 피촐라 호수에 비친 아침 풍경)

↑ 나는 황혼 녘에 지상의 모든 것을 버려 두고 당신의 품 안으로 돌아갑니다. − 인도시인 타고르 (우다이뿌르, 피촐라 호수의 황혼)

08

날개가 있는데
발이 무슨 필요가 있어

자이살메르에서 우다이뿌르로 가는 길은 기차가 없어 할 수 없이 버스를 이용해야 했다. 이름만 디럭스일 뿐 전혀 디럭스 하지 않은 버스의 침대칸은 유리문 달린 주방 선반 같았다. 선반 문을 열고 사다리를 밟고 올라가 구겨지듯 들어간 침대칸은 앉기에 어중간한 높이였고, 내가 누우면 발밑에 작은 배낭 하나 겨우 둘 정도의 길이었다.

내가 들어간 좌측 열은 싱글 룸 칸이었고, 맞은편 우측 열은 더블 룸 칸이었다. 내 맞은편 칸에 투숙한 서양인 부부는 덩치가 산만 한 남편이 유리문을 꽉 채우고 있어서 반대편에 있는 부인의 모습은 보이지도 않았다. 마치 자기 부인을 감추려고 온몸으로 유리문을 가리고 있는 것 같았다. 공간보다 큰 풍선을 억지로 구겨서 넣어 둔 것 같았다.

저녁 6시에 자이살메르를 출발한 버스가 중간에 한 번 쉬고 새벽 6시에 우다이뿌르에 우리를 내려놨다. 만 12시간을 타고 온 셈이었다. 12시간 동안 잠만 잘 수가 없어서 나는 배낭에서 책과 노트북을 꺼내 침대칸에 올랐다. 인도에서 정말 마음에 드는 것 중 하나는 기차든 버스든 침대 주변에 전기 콘센트가 준비되어 있다는 것이다. 승객들은 그 콘센트에서 휴대폰을 충전했고, 나는 가끔 노트북을 열었다.

워낙 여행 시간이 길어서 요긴하게 사용하긴 했지만, 이 낡아빠진 기차와 버스가 만들어질 당시는 이 나라에 휴대폰이나 노트북이 널리 보급되기 전이었을 텐데 누가 어떤 목적으로 전기 콘센트를 달자고 했을까? 사람이든 신이든 수가 많으면 그중에는 현실에 안 맞는 생각을 하는 존재가 꼭 있긴 하다. 그런 사람들의 선견지명이 평가받는 건 언제나 비현실이 현실이 되고 난 뒤이다.

아무튼 침대칸에서 독서를 하거나 노트북을 쓸 수 있다면 12시간이 심심하지는 않겠다 싶었다. 그러나 종종 나에게 기대란 성공할 확률이 낮은 게임을 이르는 말이다. 확률이 낮은 게임에 배팅하는 도박 같은 것이다. 나는 12시간 동안 꼼짝없이 누워 있어야만 했다.

버스의 진동 때문에 노트북 케이블의 플러그는 벽 콘센트에 꽂혀 있지도 못하고 빠져 내렸고, 몸은 낚숫물이 돌 바닥에서 튀듯 공중으로 튀어 올랐다. 마치 서로 섞이지 않게 칸으로 막은 채에 종류가 다른 곡식들을 넣고 흔들어 대는 것 같았다. 아마 싱글 룸과 더블 룸을 칸으로 나눠 놓지 않았더라면 옆방의 덩치 큰 서양 남편과 내 자리가 쉽게 뒤바뀌고 말았을 것이다.

우다이뿌르를 가는 길에 조드뿌르를 지나는 줄을 몰랐다. 나는 자이살메르에서 우다이뿌르를 갔다가 조드뿌르로 갈 생각이었다. 자정 즈음에 차장이 외치는 소리가 잠결에 들렸다. "조드뿌르, 조드뿌르!" 우다이뿌르에서 사흘을 지낸 뒤, 나는 조드뿌르로 왔던 길을 다시 거슬러 올라가야 했다.

조드뿌르 가는 길은 이동 시간이 낮 시간이었고 6시간쯤 가면 되니까 나는 침대칸보다는 좌석을 선택했다. 낮 시간인데 드러누워 있기도 그렇고, 어차피 드러누워서 독서나 노트북 사용은 할 수 없을 것이기 때문에 의자에 앉아 바깥 경치나 구경할 생각이었다. 그런데 이 디럭스 버스의 의자 역시 디럭스와는 거리가 멀어도 한참 멀었다. 한때의 탄력 좋았던 시절이 사라졌기는 나도 저도 마찬가지였다. 바퀴가 지나가는 도로의 돌멩이 크기까지 온몸으로 느껴졌다.

옆에 앉은 영국 청춘의 구겨진 긴 다리가 안 돼 보여 괜찮으냐고 물었더니 뭐라고 대답했는데 못 알아들었다. 제 다리만큼 길게 대답하는 거 보니 괜찮지는 않은 모양이었다. 말은 그 말을 만든 나라 사람들이 하는 말이 제일 듣기 쉬워야 하는데, 나한테는 제일 어렵다. 반만년 동안 한글만 사용해 온 우리나라 사람이 쓰는 영어가 훨씬 듣기 쉽다. 초등학교 때부터 원어민들보다 치열하게 영어 공부를 해서 우리 발음이 더 좋은 거다. 다행히 허리가 아파 올 때쯤 휴게소였고, 다리가 마비될 때쯤 종착지에 도착했다.

조드뿌르에서 푸쉬카르로 가는 길은 기차를 타고 싶었다. 푸쉬카르에서 가까운 큰 도시 아즈메르 역까지 기차로 가서 로컬 버스나 지프를 타고 푸쉬카르로 갈 생각이었는데, 기차가 너무 이른 시간과 너무 늦은 시간밖에 없었다. 너무 이른 시간은 짐 싸기가 촉박했고, 너무 늦은 시간에 낯선 곳에 도착하면 초행길에서 숙소 잡는 일이 문제였다.

여행사에 사설 버스를 알아보러 갔더니 여행사 사장이 볼보 A/C 버스를 추천해 주었다. 나는 조드뿌르에 올 때 버스 탔던 경험을 이야기하고, 다섯 시간 정도 걸리는 짧은 거리이지만 침대칸을 달라고 했다. 그런데 볼보 버스에는 전부 시트뿐이고 침대는 없단다. 대신에 에어컨이 빵빵하고 의자 쿠션이 좋아서 쾌적할 거란다. 문제라면 푸쉬카르까지는 직접 가지 않고 아즈메르까지만 간다는 것, 그 한 가지뿐이라고 했다.

2월인데도 북인도의 날씨는 벌써 낮 기온이 30℃를 넘나들 정도로 더웠다. 이번에는 다섯 시간 동안 시원한 에어컨 바람을 쐬면서 쿠션 좋은 의자에 앉아 우아하게 바깥 경치를 구경할 수 있겠다 싶었다. 럭셔리한 스웨디시 볼보라면 여행길이 엘레강스할 줄 알았다.

우리 볼보는 달린 지 한 시간 만에 수탉이 홰를 치듯 몇 차례 푸드득거리더니 에어컨이 꺼져 버렸다. 누가 봐도 정비공처럼 생긴 버스 기사가 차를 세우고 내렸다. 기계 사이를 살펴보기 좋게 적당히 야위었고, 날카로운 눈매는 문제를 놓치지 않을 것 같았다. 거기다 기름때가 묻어도 표가 안 날 윤기 나는 검은 피부를 덤으로 가졌다. 정비공을 빼닮은 기사라 꼭 수리해 낼 줄 믿었다. 생각보다 빨리 다시 버스로 다시 올라온 기사는 연신 휴대폰 통화만 해대더니 다시 버스를 출발시켰다.

이 버스는 애초에 창문을 열 수 없도록 설계된 에어컨 의존도 100퍼센트형 버스였다. 그것은 에어컨 말고는 의존할 것이 0퍼센트형 버스란 의미이기도 했다. 남은 네 시간 동안 여행사 사장 말대로 '에어컨 빵빵'인 버스였다. 라틴어로 'I Roll(나는 구른다)'이라는 뜻의 'VOLVO'라는 이름답게 그냥 구르기만 했다.

좀체 속내를 드러내지 않고 더위에도 강해 바위처럼 꿈쩍 않던 인도 승객들도 점점 움직이기 시작했다. 그들의 이빨 사이로 낮게 새어나오는 바람 같은 소리만 들어도 이 버스에 무엇이 문제인지를 쉽게 알겠다.

"에이~씨(A/C)!"

푸쉬카르는 기차로든 버스로든 아즈메르까지 가서 로컬 버스나 지프로 갈아타고 작은 산을 하나 넘어야 도착할 수 있는 곳이다. 물론 조드뿌르에서 직접 푸쉬카르까지 가는 로컬 버스가 있긴 했지만 정차하는 정류장이 너무 많아 오랜 시간이 걸렸다. 아즈메르 공영버스 주차장에 도착한 볼보 A/C는 버스보다 시원한 바깥에 우리를 내려놓았다.

내가 다녀 본 인도 지방의 버스 스탠드의 특징 중 하나는 영어로 표기된 안내판이 전혀 없다는 것이었다. 힌두어로만 쓰여 있는 안내판은 외국인들을 전혀 안내하지 못하고 있었다. 가끔 여행안내소가 있는 곳을 제외하고는 매표창구마다 찾아다니며 직접 물어봐야 했다.

아즈메르 버스 스탠드에는 매표소가 노선별로 버스 탑승장 앞에 경비 초소처럼 일렬로 길게 늘어서 있었다. 거의 마지막에 있는 푸쉬카르행 매표소까지 다른 모든 매표소를 거치면서 묻고 가는 동안 볼보 A/C에서 같이 내린 키가 나만 한 젊은 서양 친구는 내 뒤를 따라오며 연신 내게 물었다.

"No? No Pushkar?"

나보다 젊은 것이, 나보다 더 영어를 잘하는 것이, 내 앞장을 서도 시원찮은 것이!

푸쉬카르로 가는 로컬 버스는 그냥 바퀴 달린 고철 덩어리였다. 여성 차장은 버스 문 여닫기를 집 대문 여닫듯 했다. 우리나라도 1960년 대쯤에 이런 버스가 있었나? 기억에도 없다. 그 엔진으로 산길을 오르는 것도 신기했지만, 그 브레이크로 꼬불꼬불 산길을 내려가는 것은 더 신기했다.

'승원'은 여행 중에 이동을 거의 버스로 했다고 했다. 땅덩어리가 워낙 큰 나라라 한때는 도시 간의 이동에 기차 말고는 선택할 다른 이동 수단이 없었지만, 요즘은 도로 사정도 나아졌고 버스 노선도 확충되어서 웬만한 곳은 버스 이동이 가능했다.

승원이 기차 대신 버스를 이용했던 이유는 연발, 연착이 없기 때문이었다. 기차처럼 플랫폼에서 늦게 오는 기차를 하염없이 기다릴 필요도 없고, 늦게 도착하는 기차 속에서 어디서 내려야 할지 좌불안석 걱정할 필요가 없기 때문이었다. 무엇보다 연착으로 늦은 밤중이나 이른 새벽에 낯선 곳에 떨어지는 일은 없기 때문이었다.

차내 안내방송이 전혀 없는데다 연착을 밥 먹듯 하는 인도 기차가 얼마나 늦게 오고 얼마나 지연해서 도착하는지는 'ixigo' 같은 스마트폰 어플에서 확인할 수 있다. 그러나 그것도 기차가 이동 중일 때는 인터넷이 잘 터지지 않아 무용지물일 때가 많았다. 결국 옆 승객에게 물어

보는 수밖에 없는데, 바라나시 가는 열차에서 옆에 탄 젊은 부부에게 바라나시 도착할 때쯤 미리 알려 달라고 부탁했더니 자기들도 거기서 내릴 테니 걱정하지 말라고 했다.

도착 시간이 다 되어서 나는 주섬주섬 배낭을 챙기고 있는데, 이 부부는 마치 안 내릴 사람들처럼 침대에 드러눕더니 머리끝까지 담요를 덮었다. 인도 기차가 절대 제시간에 도착하지 않는다는 사실을 그 부부는 이미 알고 있었던 것이었다.

연발, 연착이 없어 편리한 버스 이동에서 가장 불편한 점은 역시 화장실 문제였다. 워낙 운행 시간이 긴 데다 휴게소가 많지 않아 갑자기 신호가 온다면 그런 낭패가 없다. 우다이뿌르로 가는 버스는 12시간 동안 고작 휴게소 한 곳에 차를 세웠다. 그나마 휴게소의 화장실은 여성을 위해 준비한 하늘이 열린 한 칸 공간과 남성을 위해 준비한 벽 한 면이 전부였다. 여행 중에 배앓이를 자주했다는 승원은 그래서 버스가 정차하면 무조건 들판으로 최대한 멀리 달려갔다고 했다.

인도에서 버스 타기는 단순히 다음 여행을 위해 이동하는 행위만이 아니었다. 약간의 고통을 참을 인내와 함께 동승한다면 버스 안에서 겪는 경험은 또 다른 여행길이었다. 우다이뿌르행 버스의 침대칸에서 겪은 경험은 어쩌면 영원한 공간캡슐 속을 유영하는 미지의 모험과도 같았고, 아즈메르로 가는 에어컨이 고장 난 버스 안은 내면의 사색에 집중해야 하는 철학자의 고뇌의 서재와도 같았다.

야간버스의 주방 선반 속은 어떤 방해할 만한 것도 존재하지 않는 무한 진공의 공간이었고, 찜통 버스 안은 어디로든 탈출을 시도해야 하는 포화된 번민의 서재였다. 푸쉬카르 산을 넘는 낡아빠진 고철덩어리는 오래된 망각에서 새록새록 잠을 깨우는 기억의 창고였다. 그것이 여행자가 여행길을 미화하고 자신을 견뎌 내기 위해 스스로를 위로하는 방법일지라도 그 순간은 그렇게 생각하고 싶었다. 그런 상상을 하며 힘든 시공간을 줄이고 싶었다.

몇 년 전, 나는 침대에 실려 분당의 어느 대학병원 환자용 엘리베이터를 탄 적이 있었다. 엘리베이터 천장에 비친 내 모습은 마치 하늘을 날며 침대에 누운 나를 내려다보는 것 같았고, 침대에 누워 하늘을 유영하는 나를 올려다보는 것도 같았다. 하얀색 환자복과 흰 침대 시트는 마치 내가 그 속을 비행하다 헤집고 잠깐 얼굴을 내민 흰 뭉게구름 같았다.

병원이 엘리베이터 천장 전체를 거울로 만든 것은 아마도 수술 이후에 보게 될지도 모르는 광경을 눈에 미리 익혀 두라는 배려 같았다. 처음 하늘을 나는 일에 멀미하지 말고 미리 경험해 두라는 배려 같았다. 하늘을 나는 상상 혹은 하늘을 날고 있는 나를 보는 상상을 하며, 나는 수술에 대한 두려움으로 채워진 시공간을 줄이고 있었다.

인도의 버스 안에서도 진공의 공간을, 번민의 서재를, 기억의 창고 속을 훨훨 날고 있는 상상을 하며 이 시간이 단축되고 이 공간이 축소되기를 바라고 싶었다. 여행자의 힘든 시간과 공간은 상상이라는 도구로 비로소 재단될 수 있음을 증명해 보고 싶었다.

↑ 노인은 카메라 렌즈가 자신을 향하면 졸음에서 깨어나야 했다. 노인에게는 졸음보다 카메라가 성가신 존재였다.
좋아하는 일을 못 즐기고 사는 인생이 대부분이긴 하다. (조드뿌르, 메헤랑가르 성)

일반적으로 여행자에게 상상의 수단이 되어 주고 사색의 동기가 되어 주는 것은 걸음이다. 걷기 시작할 때 길은 비로소 모습을 드러내고, 걷기 시작할 때 세상은 비로소 상상의 소재가 되어 주기 때문인데, 인도 버스 안에서 나는 걸음이 필요 없는 여행을 한 셈이었다.

버스 안에서 병원 엘리베이터 속에서처럼 날기도 했었고, 버스 안에서 서재에서처럼 내면에 집중하는 사색에 잠기기도 했었고, 버스의 문짝처럼 기억의 녹슨 창고 문을 열어 보기도 했었다. 발 대신 상상의 날개를 펴서 길 위를 나는 여행을 하고 있다고 스스로 착각해 본 것이었다. 걸어야 그것이 비로소 여행이라고 생각하는 내게 인도의 버스가 걸음이 필요 없는 여행을 하게 한 셈이었다.

발이 멈춘 곳일지라도 날개를 펼 수 있다면 여행자의 걸음은 계속된다는 것을 알게 되었다. 육신이 구속된 곳이라야 날개를 펴기가 더 쉽다는 것을 알게 된 것이다. 그 속에서라야 비로소 멕시코의 여류 화가 '프리다 칼로'가 수술로 두 발을 잘라 내고도 웃으면서 했다는 그 말을 따라할 수 있을지도 모르겠다.

"날개가 있는데 발이 무슨 필요가 있어!"

↑ 인도 사람들은 밝다. 카메라를 만지작거리기만 해도 웃어 주고 포즈를 취해 준다. 마치 "안 찍고 뭐해?"라고 하는 것 같다. (아그라, 사이클릭샤꾼)

09

인도인 채튼의 결례,
"어디 가요~?"

푸쉬카르는 호수를 중심으로 형성된 작은 도시다. 옛날 하늘에서 신과 악마의 대전쟁이 났을 때 창조의 신 '브라만'이 무기로 사용했던 연꽃의 꽃잎 하나가 떨어져 푸쉬카르 호수를 만들었다고 한다.

그 호수를 따라 여행객들이 주로 다니는 골목길이 있고, 그 길의 양편으로 게스트하우스, 식당, 옷 가게, 기념품 가게 등이 줄지어 있다. 여행객들이 다니는 길이 그 길 하나뿐이다 보니 하루에도 몇 번씩 그 길을 오가게 되어 가게 점원과도, 지나다니는 여행객끼리도 얼굴을 익히게 된다. 그 길의 중간 지점쯤 가죽제품 파는 가게에 '채튼'이라는 친구가 있는데, 나를 볼 때마다 어눌한 우리말로 이렇게 외쳤다.

"어디 가요~?"

아는 우리말이 그거 하나뿐인 듯한 그 친구는 누가 만들어 줬는지 제법 우리글로 된 명함도 가지고 있었다. 인도의 북부 라다크 지방에서는 이방인을 볼 때마다 "Jule kalu skyddat-le?"라고 인사를 건네는데,

그 뜻이 '어디 가세요?'라고 한다.

그러나 김도영이 쓴 『내가 만난 인도인』에서는 상대방에게 "어디 가느냐?", "왜 가느냐?"라고 묻는 것은 힌두 미신으로 볼 때 큰 실례라고 했다. '시장 가느냐?', '학교 가느냐?'라고 구체적으로 물어야 결례가 안 된다는 것이다. 만약 그런 결례의 질문을 들으면 집으로 다시 들어가서 물을 한 컵 마시거나 과자를 먹은 후 다시 나와야 한다는 것이다. 라다크 출신이 아니라면 채튼은 나한테 하루에도 몇 번씩 실례를 범하고 있는 셈이었다.

처음 몇 번은 그냥 미소로 대꾸했는데, 자꾸 질문을 받다 보니 나도 모르는 사이에 점점 구체적으로 답을 하게 된다. "어, 리틀 티베트에 밥 먹으러 가."라거나 "자이뿌르 가트에 가는 길이야."라거나. 이제는 한 술 더 떠서 궁금한 게 있으면 내가 찾아가서 묻는다. "우체국이 어딨어?", "주변에 빵집 없어?"

어제도 궁금한 게 있어서 내 발로 채튼을 찾아갔다.

"채튼, 자이뿌르로 가는 차편으로 기차가 좋겠어, 아니면 버스가 좋겠어?"

채튼은 차편이 자주 있는 로컬 버스를 타라고 추천해 줬지만, 아즈메르에서 푸쉬카르로 오는 길에 작은 산을 넘어온 로컬 버스는 그냥 바퀴 달린 고철 덩어리였다.

"왜 벌써 떠나려고?" 채튼이 물었다.

"응, 이제 푸쉬카르에서 볼만한 거는 다 봤거든."

내 대답에 채튼이 던진 말은 의외였다.

"그럼 푸쉬카르를 느껴 봐!"

나는 여행 계획을 짜면서 여유로운 여행을 해야겠다고 생각해서 한 도시에서 최소 3박을 하겠다고 작정을 했었다. 그래서 내 여행 일정에 포함된 도시는 45일 동안 10개 도시를 넘지 않았다. 황소처럼 느리게 걷고, 곰처럼 어슬렁거리는 여행을 하고 싶었기 때문이다.

'서두르는 사람은 막된 사람이고 무례한 사람'이라고 생각한다는 말레이시아 켄탈라의 농부들처럼 느림에 가치를 두는 여행을 하고 싶었다. 사막의 모래 웅덩이 '프슈프슈(le feche-feche)'에서 빠져나오려면 타이어에 바람을 빼서 타이어와 모래의 접촉면을 넓혀야 하는 것처럼 내 몸에 든 바람을 다 빼내서 세상과의 접촉면을 최대로 넓히고 싶었다. 그런데 대부분 도시가 그리 크지 않아 이틀이면 골목골목을 다 돌아다닐 수 있어서 항상 하루가 남았다. 그래서 점점 조바심이 나서 갈등하기 시작했다.

'더 볼 것도 없는데 하루 앞당겨서 떠날까?'

'이 참에 계획에 없던 도시를 몇 군데 더 추가할까?'

아침 일찍 호숫가 가트에 나와 앉았다. 채튼의 말대로 '느껴 보기 위해' 출발을 미뤘다. 푸쉬카르도 느껴 보고, 아침 일찍 호수에 나와 몸을 씻는 힌두교도들도 느껴 보고, 아침 바람이 부는 것도 느껴 보고, 시간이 흐르는 것도 느껴 보고, 나 자신도 느껴 보려고 이른 시간에 호숫가에 앉았다. 이런 여행을 하려고 '한곳에서 최소 3박'이라는 원칙을 세웠었는데, 나도 모르게 내 조바심이 그 원칙을 무너뜨리고 있었다. 내가 가고 싶었던 여행의 길을 벗어나 빠르고 급한 다른 길을 찾고 있었던 것이다.

어쩌면 채튼이 매번 외쳤던 그 질문은 '식당 가느냐?', '우체국 가느냐?', '가트 가느냐?'라고 묻는 질문이 아니었을지도 몰랐다. 이 여행을 마칠 때까지 내가 하고 싶었던 여유로운 여행이라는 느린 길을 오롯이 걸어갈 수 있을지는 모르겠지만, 혹 조바심이 또 등을 떠밀어 빠른 길로 벗어나려 한다면 그때, 힌두 미신의 결례를 무릅쓰고 외쳤던 채튼의 어눌한 목소리가 또 들릴지도 모른다.

"어디 가요~?"

↑ 인도 사람들은 느긋하다. 이루어질 일은 이루어지게 되어 있고, 안 이루어질 일은 안 이루어지게 되어 있다고 믿는다. 아등바등할 필요가 없다고 믿는다. 그래서 미안하다는 말을 안 한다고 한다. 미안한 일도 어차피 일어나게 되어 있던 일이라서. (자이뿌르, 신문 읽는 노인)

↑ 푸쉬카르 호수 둘레에 있는 아홉 개의 가트 중 자이뿌르 가트가 규제가 가장 덜하다. 신발을 신고 들어갈 수도 있
다. 그래서 이 가트에는 일반인들은 붐비지만 힌두인들의 발길은 뜸하다. 종교의 눈길을 교인에게 두느냐, 비교인
에게 두느냐는 종교가 갖는 갈등이다. (푸쉬카르, 자이뿌르 가트에서)

↑ 시선을 끌어야 동전을 얻을 수 있지만 눈높이보다 높으면 그곳은 시선 밖이다. (푸쉬카르, 시장 골목에서)

10

결과가 좋지 않은
여행은 없다

자이뿌르는 아즈메르에서 바라나시로 직접 연결되는 기차 편이 없어 계획에 포함시킨 도시였다. 라자스탄에서 교통의 요지로 꼽히는 이 도시에서는 그래서 길어야 하룻밤만 묵고 떠날 생각이었다. 어제 푸쉬카르 우체국에서 자이뿌르로 가는 열차표를 미리 예매해 두었고, 아침 일찍 서둘러 숙소를 빠져나와, 나를 푸쉬카르로 태우고 왔던 바퀴 달린 고철 덩어리를 다시 타고 아슬아슬 산을 넘어 아즈메르 기차역에 두 시간이나 넘게 일찍 도착했다. 여행공포증이 심해 기차가 출발하기 1시간 전에 기차 플랫폼에 도착해야 안심을 했던 프로이트보다 한 시간이나 더 일찍 도착한 것이었다.

아즈메르 기차역 전광판에는 기차 취소를 알리는 자막들이 서로를 밀치며 앞다투어 전광판에 나타났다 사라지고 있었다. 기차를 못 타게 된 승객들이 역무실로 몰려가 다른 열차편을 알아보느라 북새통을 이루었고, 플랫폼은 자리를 깔고 드러누운 승객들로 빈틈이 없을 지경이었다.

며칠 전 델리에서 자트 계급이 폭동을 일으켜 델리에 수돗물 공급이 중단되고, 델리로 오가는 기차 운행이 중단되었다는 소식이 있었다. 자트는 브라만, 크샤트리아, 바이샤, 수드라 등으로 구분되는 인도의 카스트계급 중 바이샤에 속하는 평민 계급이다. 인도 정부가 신분에 따른 경제적·사회적 차별을 점차 없애기 위해 수드라나 불가촉천민 같은 최하층 계급에게 공무원 선발이나 대학 입학 정원 쿼터를 늘리는 우대 정책을 펴자, 상대적으로 이익을 못 받게 된 바이샤 계급에서 들고일어난 것이었다. 자신들도 우대해 주지 않는다면 스스로 수드라 계급으로 전락하겠다는 것이었다.

진압 과정에서 사망자가 다수 생겼고, 시위대의 방화로 기차역에 화재가 발생하여 대부분의 열차가 운행을 중단했다고 한다. 그래서 델리공항을 통해 출국해야 하는 여행객들도 델리로 들어갈 수가 없어 애를 태우고 있었다. 다행히 자이뿌르까지 가는 내 기차는 정상 운행되었고, 연착이나 연발 없이 약속대로 두 시간 만에 나를 자이뿌르 역에 내려주었다.

자이뿌르는 그동안 머물렀던 작은 관광 도시들과는 달리 매트로가 있는 제법 큰 상업 도시였다. 역에 내리자마자 예약 창구를 찾아가 다음 날 바라나시로 가는 기차표 예매 신청서를 밀어 넣었더니, 배 크기가 도시만 한 늙은 역무원이 가쁜 숨을 몰아쉬며 말하기보다는 쉬운 글쓰기를 택해 내 신청서를 도로 밀어냈다.

'No Room.'

휴대폰으로 인도 기차 예약 사이트를 검색해 보았더니 모레도 그다음 날도 쉽게 풀릴 것 같지 않은 늦은 순번의 웨이팅만 남아 있었다. 내일 아침 기차역에 줄을 서서 따깔표를 끊든지 아니면 여행사에 알아보든지, 그것도 아니면 기차 편이 많은 델리 역을 거쳐서 돌아가는 방법이 있는데, 델리로는 폭동이 끝날 때까지는 들어갈 수가 없으니 난감했다. 만약 표를 못 구하면 자이뿌르에서 표를 구할 때까지 며칠이고 머물러야 했다.

다음 날 아침, 한 시간 이른 9시에 따깔 티켓을 사러 자이뿌르 역에 나갔다. 따깔 티켓은 보통 오전 10시부터 역에서 선착순으로 정가보다 약간 비싸게 판매하는 다음 날 한정판 기차표로, 인도 특유의 예매 방식이다. 제일 한가해 보이면서 예쁘기까지 한 검색대의 여경에게 어디서 따깔 티켓을 파느냐고 물었더니 역사를 나가서 왼쪽에 있는 예약 센터에 가 보라며 왼손을 세워서 손등 쪽으로 예쁘게 돌려 말로 생길 수 있는 오해를 막아 주었다.

그런데 여경이 알려 준 왼쪽에는 'Booking 센터'는 없고 'Cooking 센터'만 있었다. 온 김에 샌드위치로 아침을 때웠다. 한 번에 안 풀리는 상황은 마치 스무고개 게임처럼 꼭 꼬리에 꼬리를 물고 다른 상황을 만들어 낸다. 또 다른 예쁜 여경에게 물었더니 따깔이 뭐냐며 예쁜 눈을 동그랗게 치켜떴고, 알 만한 중년을 골라 물어봤더니 이미 판매가 끝났을 거라고 알려 줬다.

내일이라도 다시 따갈 표를 구해 보려면 매표창구의 위치라도 정확히 알아 두고 가야겠다 싶어 역 관리자 사무실 문을 밀고 들어갔다. 검색대 여경은 오른손을 돌렸어야 했다. 또 다른 여경은 '타칼'과 '따깔'을 같은 말로 알아들었어야 했다. 우리나라서는 '탱크'를 '땡끄'라고 해도 알아듣는데 말이다. 게다가 알 만한 중년은 대체 뭘 알고 다니는지 모르겠다.

예약 센터는 역사를 바라보고 왼편에 위치한 별도의 건물에 있었고, 예약창구 앞에는 이미 긴 다섯 개의 줄이 바구니 속에 똬리를 튼 다섯 마리의 인도 코브라 뱀처럼 늘어서 있었다. 30분을 줄을 섰는데도 내 자리는 여전히 줄의 맨 끝이었고 줄의 간격만 점점 촘촘해질 뿐이었다.

앞쪽에서 현지인들끼리 새치기 시비로 싸움이 벌어질 즈음에 한 젊은 청년이 다가와 왼쪽 끝에 외국인 전용 창구가 있으니 거기로 가라고 알려 줬다. 덕분에 나는 긴 줄에서 벗어나 손쉽게 열차표를 예매할 수 있었고, 자이뿌르에서 예정보다 하루만 더 묵고 떠날 수 있었다. 역을 나오기 전, 비슷하게 생긴 사람들 속에서 그 친절한 친구를 어렵게 찾아내 고맙다는 인사를 하고 나왔다.

혼자 여행하는 재미 중 하나는 부닥치는 일을 해결해 내는 재미다. 부닥치고 맞서면 해결된다는 것을 입증해 가는 재미가 있다. 여행을 마치고 돌아왔을 때 지인들이 내게 물었다.

"여행 중에 가장 힘들었던 것은 뭐였고, 가장 좋았던 것은 뭐였어?"

나는 이렇게 대답했다.

"다가오는 일은 모두 힘들었고, 지나간 일은 모두 좋았어!"

다가오는 일은 모두 두려움이었고, 지나간 일은 모두 안도였다. 다가오는 일은 모두 시련이었고, 지나간 일은 모두 추억이었다.

신은 사랑하는 인간을 시련으로 단련시키기 위해 여행길에 내보낸다고 했다. 어쩌면 여행은 인간이 신을 사랑하도록 만들기 위해 사용하는 가장 좋은 수단일지도 모른다. 혼자 하는 여행만큼 신을 바라볼 일이 많은 일이 흔치 않기 때문이다. 낯선 곳에서의 모든 낯선 일은 신이 여행자를 유혹하기 위해 쳐 놓은 덫이고, 여행자의 마음을 뺏기 위해 걸어 놓은 올가미이다.

또 여행자의 마음이 넘어오면 덫을 거두거나 올가미를 내려 길을 터 주는 것도, 그것들을 설치한 같은 손이다. 다만 신이 만들어 놓은 의도된 시작이고 의도된 끝이란 것을 사람만 모르는 것이다. 기독교에서 기도할 때 '시작과 끝을 주관하시는 하나님'이란 표현을 쓰는 걸 보면, 우리 중에도 아는 사람이 몇몇 있기는 한 모양이다. 아무튼 그래서 과정이 힘들지 않은 여행은 없고 끝이 좋지 않은 여행도 없다.

내 여행도 설사 스무 고개를 넘듯 일이 꼬여 가더라도 스무고개 게임을 하듯 한 고개씩 부닥치면 스무 고개의 어느 깊은 골짜기에는 항상 조커처럼 마법의 열쇠가 숨겨져 있었다.

그리스인 조르바가 그랬듯이 "무슨 깊은 숨은 뜻이 있으시겠지!"라고 푸념 한번 하고 포기하지 않으면, 나를 긴 줄에서 구해 준 젊은 청년처럼 구원의 손길이 꼭 길모퉁이에서 기다리고 있었다. 3억3천만 명의 인도 신들 중에 여행자를 돌보는 신이 하나쯤 있는 것이다. 난관이 닥칠 때마다 가브리엘 같은 구원의 천사를 보내 주는 신이 분명

하나쯤 있는 것이다.

고맙다는 인사라도 드리고 싶지만, 그 청년과는 달리 3억3천만 명이나 되는 신들 중에 누군지 찾을 수가 없어 그러지 못했을 뿐이다.

↑ 자이푸르는 라자스탄 주의 주도(州都)로 마하라자 자이싱 2세가 건설하였다 하여 '자이왕의 성'이란 뜻이다. 분홍색의 건물이 많아 '핑크시티'라 불린다. (자이푸르, 암베르 성에서 바라본 풍경)

↑ 암베르 성은 델리의 레드포트, 아그라의 아그라 포트와 함께 인도의 3대 성으로 꼽힌다. (자이푸르, 암베르 성)

↑ 하와 마할은 '바람의 궁전'이란 뜻으로 크리슈나 신의 왕관을 본떠 지었다. 궁궐의 여성들이 외부 사람들의 눈에 띄지 않고 바깥 세상을 볼 수 있도록 건물 전면에 935개 의 자그마한 창문을 만들었다. 보통은 밖에서 안을 들여다 보는데. (자이푸르, 하와 마할)

11

신이 되는 체험

숙소에서 몇 블록 떨어진 곳에 'Raj Mandir'라는 영화관이 있었다. 저녁 먹으려고 식당을 찾아 걷기 시작한 걸음이 생각지도 못한 제법 먼 곳에까지 닿았다. 영화관이 있는 곳은 내 숙소 주변과는 달리 맥도널드, KFC, 리바이스 가게가 있는 번화한 사거리였다.

영화관 건물의 측면에 있는 매표소 앞에 사람들이 줄을 길게 서 있는 게 보여서 다가가 봤더니, 〈NEERJA〉라는 영화의 입장권을 예매하고 있었다. 30분 후에 상영을 시작한다고 했다. 일찍 숙소에 들어가느니 러닝 타임 세 시간 동안 인도 문화나 체험해 보자 싶어 표를 끊고 맥도널드에서 햄버거로 저녁을 때웠다. 내가 예매한 다이아몬드 클래스는 2층 테라스 좌석이었다.

1913년 힌두 경전에 나오는 태양 왕조 36번째 왕의 전설을 그린 영화 〈하리시찬드라 왕(Raja Harishehandra)〉이 공식적인 인도 최초의 영화로 상영된 이후, 인도는 세계 3대 영화 산업 국가로 성장하였다. 뮤

지컬이 영국의 웨스트엔드(West End)와 미국의 브로드웨이(Broadway)라면, 영화는 할리우드(Hollywood)와 볼리우드(Bollywood)라는 말이 있을 정도이다.

내가 본 인도 영화라고는 우리나라에서 최초로 개봉한 인도 영화인 〈신상(神像)〉과 최근에 본 〈세 얼간이〉와 인터넷에서 다운받아서 본 감동적인 영화 〈Black〉이 전부이지만, 우리가 1년 동안 43편의 영화를 만들었던 1998년도에 인도는 700편 가까이를 만들었고, 지금은 1천 편을 넘게 만든다고 할 정도로 인도의 영화 산업은 그 규모가 크다. 지구상의 영화 4편 중 1편이 인도 영화라고들 한다. 우리나라 사람들이 1년에 영화 한 편을 채 안 봤을 당시 인도 사람들은 7편 가까이 봤다는 통계도 있을 정도로, 인도는 영화에 대한 국민들의 애정이 깊은 나라이다.

인도 영화의 특징이라면 단연코 '춤과 음악'을 꼽을 수 있다. 인도 영화에 춤과 음악이 빠지지 않는 이유는 높은 문맹률 때문이란다. 영화에 삽입된 춤과 음악은 문맹의 시골 사람들에게 이해와 독해가 필요 없는 중요한 유희거리 역할을 했던 것이다. 할리우드 영화가 인도에서 성공하지 못한 이유도 바로 '춤과 음악'이 없기 때문이라는 말이 있을 정도이다. 그만큼 '춤과 음악'은 인도 영화를 상징하는 경계이자 인도 영화를 지키는 장벽이다.

그런 면에서 최근에 본 영화 〈Black〉은 그 배경도 인도스럽지 못했지만 무엇보다 '춤과 음악'이 없어 보는 내내 인도 영화가 맞나 싶을 정도였다. 아무튼 뭄바이를 중심으로 '볼리우드', 콜카타를 중심으로 '톨

리우드', 첸나이를 중심으로 '콜리우드'라는 말이 생겨날 정도로 인도는 미국, 일본과 어깨를 나란히 하는 영화의 나라이다.

영화관에 들어서면서 나는 잘못 들어왔나 착각을 했었다. 우리의 영화관과는 달리 대형 홀에서 관람객들이 영화 시작 시간을 기다리며 이야기를 나누거나 차를 마시면서 웅성거리며 서 있는 모습이 영락없는 대형 파티장의 모습 같았기 때문이다. 상영관에 들어서서는 내가 예매한 것이 영화가 아니라 뮤지컬이나 오페라 공연인 줄 착각할 정도였다. 상영관의 크기가 예술의 전당만 했고 붉은색의 주름진 대형 무대막이 무겁게 전면 벽을 드리우고 있었다.

영화는 니르자(Neerja)라는 딸을 둔 화목한 가정의 행복한 파티 장면과 파키스탄 남부도시 카라치(Karachi)에서 테러리스트들이 테러를 준비하는 장면이 오버랩 되면서 시작되었다. 다음 날 몸바이를 떠나 뉴욕으로 향하던 팬암 항공기는 경유지인 카라치의 진나(Jinnah) 국제공항에 착륙했고, 여승무원 니르자 베놋(Neerja Bhanot)이 탄 이 비행기는 공항에서 팔레스타인 무장단체의 테러범들에 의해 납치된다. 조종사들이 모두 탈출하고 없는 비행기에서 테러범들은 조종사를 요구하며 인질극을 벌인다. 니르자의 용기와 기지로 결국 대부분의 승객들은 구출되지만 정작 본인은 마지막 어린이들을 구하려다가 테러리스트들의 흉탄에 목숨을 잃고 만다.

1986에 일어났던 실화를 바탕으로 한 내용인데, 중간중간 영어가 섞이긴 했지만 대부분의 대사를 알아들을 수 없어 정확한 내용은 파악하기 어려웠지만, 영상만으로도 전체적인 맥락은 어렵지 않게 알 수 있었다. 니르자가 쓰러지는 장면에서 관중들의 박수와 탄성이 터져 나왔고, 나는 인도 사람들과 함께 감동의 눈물을 흘렸다.

사람 사는 이야기를 만드는 이가 신이라면, 화면 속 등장인물들의 사는 이야기를 만드는 것은 영화다. 인간 삶의 단면을 지켜보는 이가 신이라면, 등장인물들의 삶의 단면을 지켜볼 수 있는 것이 영화이다. 인간의 삶이 신의 손에 의해 결정된다면 영화 속 등장인물들의 삶은 영화에 의해 결정된다. 사람 사는 모습을 보고 희로애락을 느끼는 이가 신이라면, 등장인물들의 삶을 보고 그것을 느낄 수 있는 것이 또한 영화이다.

그러고 보면 영화는 신이 만든 세상의 축소판이고, 영화를 만드는 일은 사람이 흉내 내어 본 신의 영역이다. 어쩌면 인도의 영화에도 창조의 신 브라마와 파괴의 신 시바, 죽음의 신 야마, 언어의 신 바크, 사랑의 신 카마 같은 신의 존재가 녹아 있을지도 모른다. 3억 명이 넘는 인도의 신들이 모두 암소 배 속에 존재하듯 영화 속에도 존재하고 있을지도 모른다.

인도가 그렇게 많은 영화를 만들고, 인도 사람들이 여전히 영화에 열광하는 이유가 그래서일까? 옛날 3억3천만 명의 신화 블록버스트를 만들었던 능력을 발휘해서 지금도 수많은 영화를 만들고 있는 것일까? 아니면 신의 영역 속으로 들어가 보고 싶은 인간의 호기심이나 욕구였을까? 신의 손이 되어 세상을 만들어 보고, 신의 눈이 되어 세상을 바라보는 대리만족이었을까?

　그냥 그렇게 상상해 봤다. 오늘 나의 인도 영화 보기 체험은 신이 되어 보는 체험이라고 상상해 봤다. 신이 세상을 내려다보듯 내가 신이 되어 화면 속의 니르자라는 예쁜 여승무원의 용기에 감동했고, 기지에 박수쳤고, 그녀의 죽음에 눈물을 흘렸다. 신도 사람의 사는 모습에 감동하면 환호와 박수를 보내면서 감동의 눈물을 흘릴 것이라고 상상해 봤다.

↑ 칸트는 인도를 수많은 미신적 사물로 불순해진 썩어 가는 문명이라고 말했다고 한다. 신(神)은 경험을 통해 알 수 없기 때문에 그 존재를 인정할 수 없고 다만 '선한 삶'을 위해 필요로 하는 존재라고 주장했다. 그에게 3억 명이 넘는 인도의 신은 너무 많았을지도 모른다. (우다이뿌르, 거리의 힌두교도)

↑ 학교에서 남녀평등을 교육받아도 남녀가 평등하다고 여기는 인도인은 별로 없다고 한다. (조드뿌르, 평등하게 앉은 남녀 학생들)

12

반대 방향도
같은 길 위에 있다

바라나시에서 내 하루는 아침 6시에 시작되었다. 도둑고양이처럼 발소리를 죽이고 나서지만 숙소의 뻑뻑한 철문은 입구에서 잠을 자는 '비제이'의 아버지를 항상 깨우고 말았다. 언젠가 숙소 주인 '비제이'가 내 나이를 묻더니 자기 아버지와 동갑이라고 했다. 그 영감, 아니 그 중년은 하루 종일 다리를 꼬고 드러누워 TV만 보고 있었다. 잠자는 시간에만 TV가 꺼졌고 꼰 다리가 펴졌다.

문을 열고 나서면 제일 먼저 눈에 들어오는 것은 밤새 버린 쓰레기와 쓰레기를 뒤져 먹을 것을 찾는 소와 개들, 그리고 그것들이 싸 놓은 똥들이었다. 미로처럼 연결되어 있는 바라나시의 골목길은 사람들만 다니기에도 좁고 길었다. 그 골목길을 덩치가 골목의 폭만 한 소가 어슬렁거리고 다니기도, 길바닥에 드러누워 여행객의 발길을 막기도 했다.

골목에 어둠이 내리고 사람의 발길이 잦아드는 시간이 오면 동물들이 배설을 시작했다. 아침에 유독 모양이 온전한 배설물이 많은 걸 보면 짐승도 배설하는 모습을 사람에게 보이기는 싫어 인적 드문 밤중을 이용하는 모양이었다. 바라나시의 아침 골목은 그런 소똥과 개똥 냄새로 꽉꽉 채워져 있었다.

바라나시에 도착한 다음 날 식당에서 알게 된 어느 한국 청년이 천장 팬을 틀어 놓고 자면 모기를 쫓을 수 있다고 귀띔해 주었다. 첫날 밤 모기 때문에 잠을 설쳤던 나는 귀가 솔깃해서 그 말을 따라 해 봤다가 심한 콧물감기에 걸리고 말았다. 나는 평소 아내한테서 이 말을 자주 듣는다.

"누가 개띠 아니랄까 봐!"

바라나시에 온 지 사흘 만에 감기 때문에 냄새를 맡을 수 없게 되었다. 나의 가장 예민한 감각이 다행히 기능을 잃고 만 것이다.

마크 트웨인은 바라나시를 역사와 전통, 전설보다 오래된 도시라고 했다. 그러나 바라나시의 아침은 오래된 도시치고는 청년처럼 활기찼다. 릭샤왈라들은 새벽을 걸어서 통과하는 고객이 없도록 바리케이드처럼 새벽 거리를 막고 있었고, 강가의 신화를 믿는 힌두인들의 빌길은 벌써 갠지스로 향하고 있었고, 길거리 식당의 큰 놋쇠 솥에서는 '사모사'를 튀길 기름이 그 시간에 이미 끓고 있었다.

인도는 젊은이의 비중이 높아서 미래가 밝다고 했는데, 그 시간에 등교하는 학생들을 보면 인도의 미래가 보인다. 철수 보트의 철수와 선재 보트의 선재도 그렇게 말했었다. 종교가 가지고 있는 불편,

부당, 불합리를 극복할 수 있는 방법은 교육뿐이라고. 교육을 통해서 이미 계급이 무너지고 인권이 생기고 종교가 사라지고 있다고. 다른 계급끼리 결혼이 늘어나는 것이나 하층계급 출신인 나렌드라 모디(Narendra Modi)가 인도의 총리가 된 것이 그 단적인 예라고 했다. 그리고 교육이 지금껏 보다 훨씬 빠르게 인도를 바꿔 놓을 것이라고 기대했다.

초등학생 꼬마도 아침 7시면 길거리에 나와 스쿨버스를 기다리고 있었다. 대부분 등에는 내 등짝에도 커 보일 배낭을 메고 있었고, 고학년들은 손에 노트 뭉치를 들고 뭔가를 열심히 외우고 있었다. 잘 다려진 하얀색 교복은 마치 공부 말고는 어떤 것도 못하도록 구속하는 족쇄처럼 보였다.

아침의 강가 건너편 먼 곳에는 해 뜨기 전의 농몽한 푸른 기운이 태곳적의 신비처럼 짙고 낮게 깔려 있었다. 오래된 사연을 간직한 도시답게 빙하가 가장 깊은 곳에 품은 신비한 색 같기도 했고 세월의 인고를 견디고 온 역사답게 날 선 칼의 푸른빛 같기도 했다.

'바라나시'는 도시를 사이에 두고 흐르는 바루나(Varana) 강과 아시(Asi) 강의 머리글자를 따서 지은 이름이란다. 옛날에는 '카시(Kashi)'라고도 불렸는데, 그 뜻이 '빛의 도시'란다. 인도에서 가장 오래된 도시 중 하나이고 힌두교에서 가장 신성하게 여기는 도시이며 불교와 자이나교의 성지로 꼽히는 도시이다.

고돌리아(Godoria) 사거리는 난장(亂場) 거리처럼 붐볐다. 도시의 사람들이 모두 쏟아져 나온 것 같았다. 거리에 나온 사람들의 절반은 사거리를 향해, 절반은 사거리를 등지고 빠르게 움직이고 있었다. 심장이 피를 흡입해서 토해 내듯 사거리가 인파를 흡입해서 토해 내고 있었다. 우두커니 서 있는 사람은 나하고 경찰밖에 없었다.

사거리에는 갠지스 강 가트로 나가는 길과 바라나시 기차역으로 가는 길이 반대 방향으로 이어져 있었다. 무거운 배낭을 메고 가는 여행길과 삶의 업보를 지고 떠나는 여행길이 반대 방향으로 나 있는 것이다. 도시를 떠나기 위해 기차역으로 가는 길과 이승을 떠나기 위해 화장터로 가는 길이 직선으로 이어져 있는 것이다. 영원의 본향으로 돌아가는 길은 방향만 다를 뿐 집으로 돌아가는 길 가듯 가면 되는 것처럼 마주 보고 있었다.

사거리에는 또 석가가 성도(成道) 한 후 최초로 설법을 개시한 곳, 사르나트로 가는 길과 BHU(Banaras Hindu University)로 가는 길이 반대 방향으로 이어져 있었다. 깨달은 길과 깨달음을 준비하는 길이 다른 방향으로 마주 보고 있는 것이다. 다른 샛길로 빠지지만 않고 배우고 닦으면 성도는 능히 이룰 수 있는 일이라고 말하는 것처럼 직신으로 이어져 있었다.

여행의 길과 해탈의 길이 마주 보고 연결되어 있었다. 사거리의 중심에 번잡한 로터리가 있듯 마치 그 길의 중심에 번잡한 삶이 있는 것 같았다. 해탈의 중심에, 여행의 중심에 치열한 생존이 자리 잡고 있는 것 같았다.

↑ 반 고흐가 누이에게 말했다지. "밤은 낮보다 색깔이 훨씬 더 풍부해." (바라나시, 갠지스 강 너머의 여명)

↑ 『론리 플래닛』 인도편의 영문판 서문은 이렇게 시작한다고 한다. '한 발은 전통에 굳건히 디디고, 다른 한 발은 인터넷 시대로 맹렬히 뻗어 나가는 나라' (바라나시, 갠지스강의 가트)

↑ 어느 인도 승려가 이렇게 말했단다. "신은 당신의 소원을 들어주실 것이다. 당신 차례가 됐을 때." 아직 내 차례는
멀었나 보다. (바라나시, 갠지스강 너머의 아침)

↑ 영국의 어느 종교학자는 다음과 같이 말했다. "자연이 베풀 수 있는 모든 것을 가장 풍족하게 타고난 나라를 전 세계에서 택하라고 한다면, 그중 어떤 부분들은 지상 낙원인 곳을 택하라고 한다면, 나는 주저 없이 인도를 택하겠다." (바라나시, 갠지스 강의 아침)

13

아픈 청춘이거든
목 놓아 울어 봐!

인터넷 카페나 SNS를 통해 여행지에 대한 정보가 공유되면서 인도 여행지마다 한국인, 일본인, 중국인이 묵는 숙소가 다르게 나뉜다. 이곳 바라나시에서도 한국 사람들은 주로 뱅갈리토라 구역에 있는 'Reva'나 'Geeta Paying' 같은 게스트 하우스를 선호하고, 일본 사람들은 일본인 여성이 운영하는 '구미꼬의 집'을 주로 찾는다. 아무래도 위치적으로 갠지스 강변에 인접해 있고, 같은 나라 사람들이 많으니 정보를 얻고 어울리기가 쉽기 때문이다.

그래서 뱅갈리토라 골목길을 걸으면 동양인의 눈으로도 구분하기 쉽지 않은 한국, 일본, 중국 청년들이 넘쳐난다. 원래 여행지는 일본인이 개발해서 한국인이 활성화시켜 놓으면 중국인들이 와서 망쳐 버린다는 우스갯소리가 있다. 나는 Jyoti Paying에 짐을 풀고 갠지스 강변으로 나가는 길에 Reva 게스트하우스를 지나면서 그곳에 앉아 있는 두 명의 한국 여성에게 물었다.

"레바에 방이 있을까요?"

"여긴 방 잡기 어려워요."

"왜 그렇죠?"

"여긴 한 달 혹은 두 달 장기 숙박자가 많거든요."

"바라나시에서 한 달, 두 달 동안 뭘 하고 지내죠?"

"그냥 멍 때리고 있는 거죠."

델리에서 만났던 승원과 병곤도 그렇게 말했었다.

"푸쉬카르에 가 보세요. 멍 때리기 좋아요."

"멍 때리기는 역시 바라나시죠!"

같이 철수 보트를 탄 일행 중에 두 번째 인도에 왔다는 청년에게 물었다.

"바라나시에서 뭘 하면 좋을까요?"

이번에는 한 달 동안 바라나시에서만 지내고 있다는 그 청년의 답은 이랬다.

"아무것도 안 하시는 게 제일 좋습니다."

레바에서 본 30대 초반의 그 여성은 또 이렇게 덧붙였다.

"저는 이 숙소에서 5미터 이상을 벗어나 본 적이 없어요!"

지연은 귀국하면서 이렇게 말했었다.

"왜 인도에 왔냐고 누가 물으면 분명 이유가 있어야 할 거 같은데 딱히 없어요."

드라마 〈치즈인더트랩〉 촬영을 했다는 스물다섯 살 청년에게 청년들이 왜 인도에 온다고 생각하느냐고 물었더니, 여행 경비 부담이 적은 것이 큰 이유일 거라고 대답했다.

최근에 군 예편했다는 서른 살 청년 권 중사는 다 잊고 싶어서 왔다고 했고 자신을 'Zero Zero'라고 소개했던, 이름이 '영영'인 스물여덟 살 청년은 이렇게 말했다.

"나 자신도 돌아보고, 진로 고민도 해 보려고 인도에 왔는데, 하루하루 지내는 걱정을 하다 보니 시간이 다 지나 버렸어요!"

고민이 많은 청춘들이었다. 지연처럼 그냥 여행이 좋아서 온 친구도 있겠지만, 대부분 영영처럼 나름의 고민을 가지고 온 청년들이거나 권 중사처럼 현실을 떠나 있고 싶어 온 청춘들이었다. 그 청춘들이 하루 종일 갠지스 강변에서 뒹굴뒹굴하거나 카페나 식당에서 죽치거나 삼삼오오 짝을 이뤄 골목길을 누비고 다녔다.

가끔은 나도 이런 여행지가 불편하기도 했다. 마치 청년들이 쳐 놓은 울타리를 넘어 그 속으로 침범한 것 같아서 내 나이가 이방인처럼 어색했다. 내 여행 취향과는 다른 청년들 속에서 나만 혼자인 것 같아 무인도처럼 외롭기도 했다. 청년들이 여행이라는 겉옷 속에 감추고 있는 청춘의 고뇌를 강물 보듯 무심하게 흘려버려야 하는 일이 가끔은 힘들기도 했다. 그럼에도 청년들과 같은 공간에서 있으려면 어른이 되지 말아야 하는 어른인 내가 때로는 불편하기도 했다.

여행은 사람마다 개인적 취향과 목적이 달라 어떤 여행이 좋은 여행이라고 단정할 수는 없다. 패키지여행이 나쁘고 자유여행이 꼭 좋다고도 말할 수 없고, 나처럼 매일 골목골목을 누비고 다니는 여행이 며칠씩 뒹굴뒹굴거리는 여행보다 잘하는 여행이라고 할 수도 없다. 자신이 원하는 여행을 하면 그것이 좋은 여행인 것이다. 그러나 어떤 여행이 되었든 여행지에서는 최소한 사고의 진자(振子)는 돌아가야 하고 오감은 열려 있어야 한다. 그 기능이 정지되어 있고 닫혀 있다면, 거기에 최소한 여행이라는 이름을 사용해서는 안 된다.

청춘들이 바라나시에서 한 달이고 두 달이고 머무는 것도 좋고, 하루 종일 갠지스 강을 바라보며 뒹굴뒹굴거리는 것도 좋고, 한국 음식만 찾아다니며 먹어도 좋고, 삼삼오오 어울려서 카페나 식당에서 죽치고 있어도 좋고, 숙소에서 5미터 이상을 벗어나지 않아도 좋다. 나처럼 힘들게 역에 나가서 기차표를 끊지 않고 편하게 여행사에 수수료 내고 표를 구해도 좋고, 이곳에서는 여성들만 한다는 헤나 문신을 굵은 팔뚝에 그리고 다녀도 좋다.

그래도 배낭에 고민을 담고 여기까지 온 청춘이라면, 현실을 잊고 싶어 인도까지 온 청춘이라면 한 번쯤 통곡이라도 하고 갔으면 좋겠다. 그것이 인도 때문이든 자기 자신 때문이든. 인도 여행에서 울지 않으면 아마 가슴을 팔아 버렸을 거라고 한 어느 시인의 말처럼 뜨거운 가슴을 품고 있는 청춘이라면 한 번쯤 오감을 열고 목 놓아 울다 갔으면 좋겠다. 인도를 위해서든 자기 자신을 위해서든.

↑ 놀랍게도 인도의 일부 주(州)에선 교통 규칙이 여성들에게는 적용되지 않는다고 한다. 여성의 존재 자체를 업신여겨 죽든 말든 상관 않기 때문이란다. (바라나시, 갠지스 강가에서 독서 중인 여학생)

↑ '인도인은 6개월간 크리켓을 보고 나머지 6개월은 그것을 이야기하며 지낸다'는 말이 있을 정도로 인도인의 크리켓 사랑은 대단하다. (바라나시, 크리켓 경기 중인 청년들)

↑ '뿌자'는 신과 인간이 소통하는 힌두 제식이다. 제식을 주관하는 사제를 뿌자리(Pujari)라고 한다. 신도 잘생긴 뿌자리와 말 섞기를 더 좋아하시나 보다. (바라나시, 뿌자를 주관하는 뿌자리)

↑ 여행자가 가장 고독을 느끼는 시간이 해 질 녘이다. 몸은 지치지만 마음은 풍요로워지는 시간이다. (바라나시, 갠지스 강변에서 생각에 잠긴 여행객)

03

PASSION

01

인도에서
배앓이를 하는 이유

'승원'은 자이살메르 사막 투어 때 설사를 만났다며 나더러 사막은 절대 못 피해 갈 거라고 장담을 했었는데, 같이 사막 투어를 한 우리 일행 중에 요리하는 친구가 있어 닭고기를 꼼꼼하게 익힌 덕인지 거기서도 피해 갔다. 지연은 한국에 도착하자마자 참았던 설사를 시작했다고 했다. 여성들에게는 그게 조절되는 기능도 있는 모양이다.

권 중사는 바라나시를 떠나기로 한 전날 감기와 설사를 한꺼번에 만났는데, 수시로 상황이 찾아오는 바람에 표를 환불하러 기차역까지 나가는 것도 힘들어서 바라나시에서 아그라 가는 표와 아그라에서 조드뿌르 가는 표, 비싸게 준 여행사 수수료 등 3천 루피가 넘는 돈을 한꺼번에 날려 버리고 지금도 숙소에 박혀 나오질 않고 있다. 물갈이에다가 날린 돈까지 더해져서 배가 더 아픈 모양이다.

인도에서 내가 제일 조심하고 있는 일 중 하나가 물갈이다. 사실인지 아닌지는 몰라도 인도 수돗물로는 양치질도 하지 말라고 해서 생수로만 입을 헹구고, 과일도 껍질 까서 먹는 오렌지만 사서 먹고 있다. 가게에서 사서 마시는 1리터짜리 생수에 아내가 배낭에 넣어 준 홍삼 분말 스틱을 한 봉지씩 타서 마시는데, 지금까지 배앓이를 하지 않는 이유를 홍삼과 오렌지 덕분일 거라고 믿으며 자기최면을 걸고 있다.

배앓이를 조심하는 이유는 긴 이동 시간과 열차의 열악한 화장실 때문이다. 이동 때마다 보통 20시간을 족히 열차를 타야 하는데 설사라도 만나면 큰일이기 때문이다. 열흘 동안 히말라야 트래킹을 마치고 나보다 늦게 바라나시로 왔다가 어제 아그라도 떠난 마흔 살 '승민'은 바라나시로 오는 20시간 동안 화장실에 가지 않기 위해 물도 안 마셨다고 했다.

인도 사람들의 위생관념은 우리와는 사뭇 다르다. 길거리 음식을 사 먹을 때는 주문을 해놓고 차라리 먼 산을 보고 있는 게 낫다. 요리를 만드는 모습을 직접 보면 온갖 게 상상이 돼서 입맛이 싹 달아난다.

왼손은 험한 일을 하기 때문에 오른손으로만 밥을 먹는다지만, 밀가루 반죽을 황야의 외팔이처럼 한 손으로만 할 수 없고 야채 썰기를 검객이 칼 쓰듯 한 손으로 할 수는 없는 노릇이다. 비닐장갑을 끼고 음식 재료를 만진다는 상상은 앞으로 10년 내에는 못할 듯싶다. 인도인들이 사람의 침을 부정한 것으로 여겨 침이 음식에 묻지 않도록 조리 중에는 절대 맛을 보지 않는다는 것은 아이러니다.

아침에 강가의 양측 마지막 가트인 아씨(Assi) 가트나 가이(Gai) 가트까지 걸어가 보면, 언덕에 남자들이 여러 명 쭈그리고 앉은 모습을 볼 수 있다. 나는 거기도 무슨 신을 모신 곳이 있나 싶어 자세히 봤더니, 그곳은 신도 해결 못 해 인간에게 맡긴 일을 해결하고 있는 곳이었다. 일이 끝나면 강으로 내려가 왼손으로 강물을 끼얹으면 끝이었다. 그게 아침 산보 길에 목격한 '험한 일을 한다는' 인도 사람들의 왼손 사용이 었다.

다 그런 건 아닐 테지만 인도에서 화장실에 휴지를 비치해 둔 숙소를 본 적이 없고, 대신 변기 옆에 낮게 달린 수도꼭지가 꼭 있는 걸 보면 지금도 그렇게 일처리들을 하고 있다고 유추할 수밖에 없다.

인도에서는 죽음이 삶처럼 자연스럽다. 마니카르니카 가트의 화장터로 가는 상여는 맛있는 라씨집 골목을 지나간다. 주검이 지나가는 광경을 여행객들은 달콤한 라씨를 먹으면서 무심히 바라보고 있다. 상여를 따르는 유족과 라씨를 삼키는 여행객의 표정이 너무 대조적이면서도 그들이 삼키고 있는 슬픔과 달콤함이 너무 가까이에 있는 탓에 그들이 마치 공연 중인 연극의 배우들과 무대 가까운 객석에서 공연을 보는 관객들 같았다. 무대는 격정적인 마지막 클라이맥스를 연출하고 있는데 객석은 일상처럼 평온하고 한가롭다. 그 좁은 길에는 관광객과 오토바이가 붐비듯 삶과 죽음도 붐빈다. 죽음이 삶의 길을 통과해 지나가고, 삶은 죽음이 지나간 자리를 메운다.

인도에서는 음식물과 배설물이 자연스럽게 공존한다. 어느 것은 때가 되면 찾으면서, 어느 것은 기겁하며 피하는 차별할 대상이 아닌 것이다. 같은 것의 다른 형태일 뿐이다. 식사와 배설이 연계된 필연적인 행위라면, 그 내용물이 따로 존재하고 그것을 다르게 바라보는 것이 오히려 이상한 일이다.

아프리카의 어느 부족은 소의 배설물을 머리에 발라 치장을 한다고 했다. 다즐링의 티베트 난민촌 지붕 위에도 소똥을 연료로 쓰기 위해 둥근 모양으로 빚어서 햇볕에 말리고 있었다. 음식물과 배설물이 모두 없어서는 안 되는 소중한 것들이었다. 인도의 삶의 골목에도 그렇게 음식과 배설물이 섞인 채 존재하고 있었다.

인도에서는 사람과 짐승의 어울림도 자연스럽다. 사람의 자리와 짐승의 자리가 나뉘어 존재하지 않는다. 구도자의 자리에 개가 같이 드러눕고, 사람의 죄업을 씻어 내는 강가의 물에 소도 같이 몸을 담그고 있다.

인도에는 편리함과 불편함이 공존한다. 본능적 편리함과 관습이 만들어 낸 불편함이 문화란 이름으로 한 공간에 존재한다. 어떤 이는 손으로 밥을 먹고 어떤 이는 도구로 밥을 먹으면서 자신의 수단이 더 편리하다고 알고 있다.

다즐링에서 하루에 한 번은 꼭 갔던 '뚝빠'를 잘하는 음식점 옆 테이블에서는 네 명의 인도 청년들이 같이 식사를 하고 있었다. 두 명은 숟가락으로 밥을 먹고 있었고 다른 두 명은 손가락으로 밥을 먹고 있었는데, 내 눈에도 오히려 숟가락이 더 거추장스럽고 불편해 보였다. 인도인들이 왼손만을 사용하는 험한 일에 우리는 자신이 편한 손을 사용하듯 우리가 숟가락으로만 먹는 음식을 인도인들은 자신이 편한 수단으로 먹는다.

그래서 인도가 익숙해지면 그것들은 다른 문화일 뿐 틀린 문화가 아니란 걸 알게 된다. 이 문화에 익숙해지면 낯선 여행자도 이 편리함은 어떤 편리함인지, 또 이 불편함은 어떤 불편함인지를 알게 된다. 똑같이 효율적으로 진화된 결과도 때로는 전혀 다른 모습이란 걸 느끼게 된다.

인도가 우리와 다르게 느껴지는 것은 어쩌면 우리가 자연스럽지 못하기 때문일지도 모른다. 우리가 유별스러운 것이다. 우리 스스로 무균실의 청정 구역에서 나온 외계인처럼 구는 것이다. 우리가 나누고 구분하고 다르게 여기기 때문이고, 습관이 우리의 본능을 구속하고 있기 때문일지 모른다. 한때 우리가 살았던 모습이었고 한때 우리의 가지고 있었던 기준이었던 것을 50년쯤 되는 세월이 그것들을 왜곡시켜 놓았는지도 모른다. 이제는 편리함이었던 것이 불편함이 되었고, 불편함이었던 것이 편리함이 되어 버렸다.

그런 우리를 인도 사람들은 다르게 구분하지 않을지도 모른다. 모든 종교가 공존하고 모든 사물이 신과 피조물로만 구분되듯 같은 공간에 존재하는 같은 대상이라고 여길지 모른다. 오랫동안 너무 멀리 떨어져 있어서 모습이 달라졌고 사용하는 언어가 달라졌을 뿐, 같은 표현을 할 때는 본능적으로 같은 표정을 짓는 것과 같이 동일한 존재라고 여길지 모른다. 다른 방식도 결국은 같은 일을 하기위한 같은 수단일 뿐이라고 생각할지 모른다.

우리가 달라서 먼 산을 보며 눈길을 피해야 하고, 우리가 달라서 배 앓이를 할 뿐이다. 어쩌면 우리가 더 오염되어 있을지도 모른다.

↑ 힌두교의 성전(聖典) 『스리마드 바가바드기타』에는 '불완전하더라도 자기 자신만의 삶을 사는 것이 완벽한 다른 누군가의 삶을 흉내 내며 사는 것보다 더 낫다'는 말이 있다. (바라나시, 가트의 사람 자리에 누운 개)

↑ 인도를 다녀오신 법정 스님이 이렇게 썼다. '문화적 충격이 클수록 영혼에 울리는 메아리 또한 클 수밖에 없다'고.
(바라나시, 갠지스강의 아침)

02

갠지스 강물은 더럽지 않아요!

가트 쪽으로 다가가자, 인도 청년 두 명이 막아섰다.

"여기서 사진 찍으면 안 돼."

"나도 알아."

"사진 찍다 걸리면 카메라에 찍힌 사진 다 지워야 할지도 모르고, 카메라도 뺏길지 몰라."

"알아. 사진 찍으러 온 게 아니고, 그럴 생각도 없어."

한 친구는 계속 내 주변을 돌며 어디서 왔느냐, 화장하는 거 처음 보느냐, 바라나시에는 얼마나 묵을 거냐며 이것저것 성가시게 물어왔다.

"여기는 유족들이 대기하는 장소야. 관광객들이 구경하는 장소는 저기야."

청년은 뼈대만 있는 3층짜리 콘크리트 건물을 가리켰다.

"어, 미안해. 몰랐어."

나는 얼른 자리를 피해 건물로 올라갔다. 옥상 계단 입구에는 여성

두 명이 앉아 구걸을 하고 있었고, 서양 관광객들이 몇 명 먼저 올라와 있었다. 가트 전체가 한눈에 들어와 좋긴 했다. 무엇보다 살이 타는 노린내와 바람에 날리는 시체 태운 재를 피할 수 있어서 좋았다.

"여기서 하루 24시간 동안 300에서 400구의 시체를 화장해."

"낮은 계급은 저기 낮은 곳에서, 높은 계급은 저기 건물 옥상에서 화장할 수 있어."

언제 따라 올라왔는지 그 청년은 내 옆 난간에 같이 기대서서 설명을 이어 갔다.

구경을 마치고 내려가려는 길을 구걸하던 여성 하나가 막아섰다.

"도네이션 해야 해." 청년이 옆에서 거지 여성을 편들었다.

"얼마를?"

"장작 5킬로그램을 사려면 3천 루피 이상 필요해."

누가 봐도 한패, 한통속이었다.

"내가 왜 그 금액을 도네이션 해야 해?"

"설명을 해 줬잖아."

"내가 해달라고 했어? 네가 와서 해 줬잖아."

지금껏 거지에게 10루피도 줘 본 적 없었던 내가 100루피라는 거금을 여성에게 주고, 나머지 여성에게도 같이 주라는 걸 뿌리치고 내려왔다. 타지마할에서 사진 찍기 좋은 포인트를 알려 주고 50루피를 받아 간 꼬마에 비하면 청년의 설명이 100루피 값은 했다 싶어 선뜻 주고 왔다.

나중에 철수 보트 탈 때 철수가 듣더니 이렇게 말했다.

"그거 사기꾼들이에요. 설명도 거짓말이고요."

마니카르니카 가트에 네다섯 개의 불길이 타오르고 있었다. 다른 서너 곳에서는 불길이 잦아들었고 회색 연기가 피어오르고 있었다. 강의 주변에는 탄 재와 타다 만 장작, 조잡한 색의 알록달록한 천들이 뒤섞여 어지럽게 널려 있었고, 시신 한 구가 비스듬히 강물에 잠겨 있었다.

마니카르니카는 '진주 귀걸이'란 뜻으로, 옛날 시바신과 그 부인이 이곳에 목욕하러 왔다가 부인이 어머니 유품으로 받은 진주 귀걸이를 잃어버렸단다. 유품을 잃어버린 게 어머니를 잃은 것과 같이 마음이 아파서 이곳이 자신의 마음처럼 아프고 항상 뜨거운 곳이 될 것이라 예언했고, 이후 이곳이 24시간 불이 꺼지지 않는 화장터가 되었다고 한다.

인도 사람들은 윤회를 믿지만 윤회는 이번 생에서 끝이 나고 영혼이 하늘로 영원히 올라가기를 원한다고 한다. 윤회에서 가장 값진 탄생은 인간으로 태어나는 것인데, 다음 생에 또 인간으로 태어날 수 없기 때문에 이번 생에서 윤회가 중단되기를 원한다는 것이다. 다시 인간으로 태어나기 위해서는 사람이 아닌 다른 형태의 윤회를 수십 번이나 힘들게 겪어야 하기 때문이다.

그들은 화장된 시신이 갠지스 강에 버려지면 비로소 윤회가 마감된다고 믿는다. 그래서 모두가 이곳 가트에서 화장되기를 소망하고,

사망 후 24시간 안에 시신을 옮겨 오기 어려운 곳에서는 그곳에서 화장을 해서 뼈를 이곳에 가져와 뿌리려고 한다는 것이다. 심지어 죽음이 임박해 오면 여기서 죽음을 맞으려고 미리 이곳에 와서 죽음을 기다리는 사람들도 있었다.

갠지스 강물에 담갔던 시신을 장작더미에 올려놓고 '영원히 꺼지지 않는 불'에서 불씨를 받아 와 장작에 불을 붙인다. 시신이 타기 시작하면 불길이 더 크게 인다. 불꽃의 일렁임에 따라 검은 연기가 솟아나는 모습이 마치 하늘로 오르기 직전 영혼이 추는 춤사위 같다. 마치 육체를 떠나는 영혼의 몸부림 같다. 그렇게 세 시간 이상을 태우고 나서 타다 만 뼈를 수거해 갠지스 강물에 빠트리면 영혼이 온전히 하늘나라로 갈 수 있다고 믿는다.

'선재'의 설명에 의하면 마지막에 남성은 가슴뼈가 남고 여성은 골반뼈가 남는단다. 비용이 저렴한 전기 화장을 기피하고 비싼 장작 화장을 고집하는 이유가 전기 화장을 하면 뼈가 남지 않기 때문이란다. 갠지스 강에 빠트릴 뼈가 남지 않으면 하늘나라로 갈 수 없다고 믿기 때문에 전기 화장은 가난한 사람들이 어쩔 수 없이 히는 거란다.

화장은 고인에게는 윤회를 마감하는 소망이었고, 유족에게는 소망을 이룬 고인을 보내는 기쁨이었고, 화장터 인부에게는 밥벌이 일거리였고, 땔감나무 파는 상인에게는 돈벌이 장삿거리였고, 관광객에게는 충격적인 구경거리였다. 소나 개에게는 먹을거리가 생기는 일이기도 했다.

갠지스 강물이 마르지 않는 한 이 문화는 사라지지 않을 것 같다. 죽음의 영역에 도전하는 일은 누구에게도 쉽지 않은 모험이기 때문이다. 게다가 이 문화가 현실에서 벌어들이는 관광수입을 포기하는 것도 쉽지 않아 보인다. 무엇보다 인도 사람들의 믿음까지 바꿔 놓을 사건은 앞으로도 없어 보인다. 화장 문화 때문에 갠지스 강이 심각하게 오염되어 가고 있는 것은 그런 사건 중 하나가 될 수 없어 보인다.

젊은 선재가 하는 설명을 듣고 더욱 그렇게 느꼈다.

"갠지스 강물이 과학적으로 오염됐다고 하지만 더럽지 않아요."

"이 물을 마시고 목욕하지만 누구도 병 걸리지 않아요."

"외국인들도 목욕 많이 하지만 아무도 병 걸리지 않았어요."

"오염된 물이라면 당연히 병 걸려야 하는데, 이상하지 않아요?"

"히말라야 약초가 녹아 있는 물이기 때문이에요!"

↑ 2010년 어느 보고서는 '인도는 세계에서 어머니가 되기에 최악의 환경을 가진 국가'라고 했다. 유아와 산모의 높은 사망률 때문이다. (바라나시, 강가에 소망을 빌고 있는 젊은 엄마)

↑ 갠지스 강물에 꽃 등불 '디아' 천 개를 띄우면 지상에서의 소원이 다 이루어진다고 했다. 그날 내가 빌었던 소원
이 뭐였는지 까먹었다. 신은 기억하고 계시나 모르겠다. (바라나시, 강가에 디아를 띄우는 여인)

↑ 사와이 마도 싱 2세라는 왕은 영국을 방문했을 때 은 항아리에 갠지스 강물을 담아 가서 그 물만 마셨다고 한다.
(바라나시, 갠지스 강물을 담는 여인)

↑ 죽어서 빠지고 싶은 갠지스 강물도 배가 가라앉아 죽지 않으려면 퍼내야 한다. (바라나시, 배에 찬 강물을 퍼내는 노인 사공)

↑ 사람은 육체, 정신, 감정, 영혼이라는 네 개의 방을 갖고 있다. 대부분의 사람은 한 방에서만 산다. 인생을 풍요하게 살려면 날마다 네 개의 방에 규칙적으로 들어가야 한다. – 인도 속담 (바라나시, 강가에 소망을 빌고 있는 노인)

↑ 죽은 후 치러야 하는 일은 같아 보인다. 과정을 드러내 보이느냐, 안 보이게 숨기느냐의 차이일 뿐으로 보인다.
(바라나시, 마니카르니카 가트의 화장장)

03

여행하기 위험한 나라

철수 보트를 두 번째 탄 날, 한 무리의 한국인 단체 관광객들이 같이 배에 올랐다. 내 나이 또래로 보이는 세 쌍의 부부와 세 명의 젊은이가 여행사 가이드를 따라 왁자지껄 배에 올랐다. 세 명의 젊은이 중 이십 대 여성은 부모와 같이 왔고, 같은 이십 대로 보이는 청년 두 명은 둘이 따로 왔다. 배가 절반을 돌 때쯤 내가 청년들에게 물었다.

"배낭여행 온 청년들이 많던데 두 분도 배낭여행에 도전해 보지 그랬어요?"

청년들의 답은 의외로 솔직하게 들렸다.

"용기가 안 나서요."

옆에 있던 부모를 따라온 여성도 답을 거들었다.

"인도 여행은 여자에게는 비추인 거 같아요."

인도에 도착한 지 이틀 되었다는 여성은 벌써 사리를 사서 입고 있었다. 왜냐고 물었더니 그 친구의 답은 한마디였다.

"위험해서요!"

여행을 시작할 때 델리의 한국 식당 '인도방랑기'에서 만난 부산 처녀 두 명은 내 눈에는 고등학생쯤으로 보였다. 배낭을 메고 가는지 배낭에 매달려 가는지 모를 작은 체구로 맥그로간즈에 갔다가 자이살메르로 갈 거라며 힘차게 식당을 나섰다. 내가 자이살메르를 떠나던 날 막 도착한 두 친구를 '가지네 게스트하우스' 루프 식당에서 다시 만났다.

"너무너무 좋았어요!"

맥그로간즈에서 오는 길은 교통편이 좋지 않아 긴 여정에 적잖게 시달렸을 텐데도 신이 나 있었다. 까맣게 그을려서 더 작아 보이는 체구가 단단하게 뭉쳐진 차돌처럼 변해 있었다.

"너희들 참 대단하다!"

"선생님은 더 대단하세요!"

"여행을 허락하신 너희 부모님들은 더 대단하시다!"

"직접 하시는 선생님은 더, 더 대단하세요!"

상대를 기분 좋게 만드는 마음이 경상도 사투리만큼이나 깊고 진했다. 몸조심해서 여행하라며 내가 떠나는 길을 오히려 저희들이 격려해 주고 있었다. 루프식당을 내려오면서 나는 속으로 중얼거렸다.

"직접 하는 것보다 허락하기가 더 어려운데……."

며칠 전 루프식당 휴게소에 비스듬히 드러누워 있는데 스무 두 살 먹은 딸과 둘이서 배낭여행 중인 한국인 중년 여성이 첸나이 국제공항으로 같이 입국한, 1년 가까이 혼자 자전거 세계여행 중인 한국인 젊은 여성을 만난 얘기를 해 줬다. 나도 인터넷 카페에서 그 여성이 올린 글을 읽은 적이 있었다. 그날 중년 여성과 잠깐 나눈 우리 대화의 주제는 '내 딸이었으면 과연 그 여행을 허락했을까?'였고, 우리가 내린 결론은 '허락하지 않겠다.'였다. 그 이유는 '여자 혼자 여행하는 일은 위험한 일이고 특히 인도는 여자 혼자서 여행하기 위험한 나라'이기 때문이었다.

혼자 하는 인도 배낭여행은 위험하다고 했다. 사기꾼이 득실대고, 문화적 차이도 커 조심해서 행동하지 않으면 자칫 큰 봉변을 당할 수도 있다는 것이다. 특히 여성은 성추행이나 성폭행을 당할 위험이 있어서 여성 혼자 하는 여행은 추천할 만한 일이 못 된다고도 했다.

그러나 여행하면서 나는 사기꾼의 유혹에 넘어간 적도 없었고, 내 문화적 차이를 이해 못 하는 인도인을 만난 적도 없었고, 혼자 여행하는 여성에게서 성적 사고를 당했거나 당할 뻔했다는 얘기를 들은 적도 없었다. 오히려 저러면 한국에서도 안전하진 않을 텐데 싶은 일을 의외로 자주 보긴 했다. 같은 여행지도 사고를 당한 사람에게는 너무 위험한 곳이지만 사고를 안 당한 사람에게는 지극히 안전한 곳이다. 사고를 겪은 사람은 사람 살 곳이 못 된다고 하겠지만 사고를 안 당한 사람은 그곳도 역시 사람 사는 곳이라고 한다.

중국 오지를 여행할 때 내가 한국에서 왔다고 했더니 어느 현지인이 이렇게 말했다.

"그 위험한 나라에서 어떻게 살아요?"

우리나라를 전장(戰場) 쯤으로 알고 있는 사람이었다.

치앙마이 여행 때 고산족 마을을 함께 올랐던 프랑스 여대생 '엘라(Ella)'가 우리한테 한국이 여행하기 안전한 나라냐고 물었다. 나를 'Papa'라고 불렀던, 영화 〈러브 스토리〉의 여주인공 '알리 맥그로우'를 닮은 스무 살 처녀에게 내 딸이 이렇게 설명해 줬다.

"네가 서울 한복판 잔디밭에 누워서 혼자 낮잠을 자도 안전할거야."

내가 살고 있는 안전한 나라도 어떤 사람들은 위험한 곳인 줄 안다. 낯선 곳과 익숙한 곳에 대한 인식의 교차점은 위험한 일을 겪어 본 사람과 그렇지 않은 사람의 그것과 그렇게 닮아 있다.

28개월 동안 5대륙 10개국을 여행한 독일 청년 '쾨르너'는 이렇게 말했다. "여행은 시시각각 예상치 못한 사건과 인연을 툭툭 던져 준다. 그 모든 신호를 어떻게 받아들이느냐에 따라 여행자의 운명은 달라진다."고……. 예상치 못한 사건과 인연이 없다면 여행자의 운명은 동일하다는 말처럼 들린다.

모든 여행객들에게 똑같은 겉모습이 제공되는 여행지에서 여행자들이 그 속에 있는 서로 다른 사건과 인연을 찾아 나서는 일이 여행이다. 그래서 어떤 여행자는 남들과 다른 사건과 인연을 찾기 위해 의도적으로 여행 가이드북에 소개되지 않은 곳을 찾아 나서기도 한다고 한다.

여행(Travel)이란 단어가 '극심한 고통'이라는 의미를 가진 프랑스어 'Travail'에서 유래되었고, 위험(Peril)이라는 단어는 '여행에서 생기는 위험'을 뜻하는 라틴어 'Pariculum'에서 유래되었다고 했다. 여행자는 여행을 꿈꿀 때 모험과 시련을 함께 꿈꾸어야 한다. 그래야 배낭 속을 설렘과 두려움으로 같이 채울 수 있다.

『의식 혁명』의 저자 데이비드 호킨스 박사는 위험에 대한 두려움은 건강한 반응이라고 했다. 여행지에서의 설렘과 두려움은 여행자가 꿈꾼 모험과 시련이 배낭 속에서 발효된 결과여야 한다. 그래야 여행자의 육체와 정신이 건강하다는 증거이기 때문이다.

그곳이 어디든 여행자에게 낯선 여행지는 위험과 모험이, 시련과 설렘이 혼돈되는 곳이다. 어느 것은 추억이 되고 어느 것은 두려움이 된다. 인도는 그런 혼돈을 가리고 감당할 자신이 없는 사람에게는 혼자 여행하기 위험한 곳이고, 감당할 자신이 있는 사람에게는 배낭여행의 성지로 불리는 곳이다.

어쩌면 두려움과 위험은 신이 자신의 존재를 부정하는 인간에게 스스로를 드러내는 비장의 카드일지도 모른다. 신이 만든 생명체의 공통점 중 하나는 스스로의 한계에 부딪치기 전까지는 자신 이외의 존재는 부정하고 싶어 한다는 점이다. 그래서 인간도 적당한 한계를 느껴야 자신 스스로의 힘이 부족하다는 것을 알게 되고, 힘이 모자란다는 것을 알아야 비로소 남의 존재를 인정하기 때문이다. 위험과 두려움과 공포는 신의 존재를 잊고 사는 인간에게 신에게 도움을 청하도록 끊임없이 자극하는 각성제 같은 것일지도 모른다. '밥을 달라고 기도해서 밥을 얻으면 신은 잊는다.'라는 아프리카의 속담을 신들이 모를 리가 없다.

독일 소설가 장 파울은 '소심한 사람은 위험이 일어나기 전에 무서워하고, 어리석은 사람은 위험이 일어나고 있는 동안에 무서워하고, 대담한 사람은 위험이 지나간 다음에 무서워한다.'고 했다. 오히려 너무 소심하게 조심하고 경계한 탓에 예기치 못한 사건과 인연을 아직 만나지 못해 운명이 다른 여행을 못하고 있는 건 아닐까 하는 생각마저 든다. 여행지에서의 모험과 기대를 지레 기피하고 외면하고 있는 건 아닌가 하는 생각도 든다.

이러다가 이번 여행이 끝나는 날까지 배낭 속에 꾸려 둔 기대와 설렘을 꺼내 보지도 못하는 건 아닐까? '혼자 여행하기 위험한 곳'에서 혼자 여행하기로 결심하고 이곳까지 날아온 나의 건강한 반응을 배낭 속에 그냥 쟁여 놓기만 하고 마는 건 아닌지 살짝 걱정이 되기도 한다.

며칠 전 스페인 여행을 마치고 귀국하던 어느 선배가 보낸 문자는 이랬다.

"여긴 전 국민이 사기꾼이야. 그래도 난 그런 일 안 당하고 귀국하니 얼마나 다행이야."

매일 잠들기 전에 아내가 보내는 문자는 변함이 없다.

"오늘도 별일 없었던 거지? 다행이네!"

선배도, 아내도 예기치 못한 사건과 인연을 못 만난 여행에 안도하고 있었다. 기대와 설렘이 없는 여행에 안심하고 있는 것처럼 들린다. 그 나이에 혼자 배낭을 메고 인도로 떠난 운명이라면 이미 충분히 사건이고 충분히 남들과 다른 운명이라고 말하는 것처럼 들린다.

↑ 요가가 건강을 위한 동작이라고 알고 있지만, 원래는 명상을 시작하기 전에 근육과 마음을 느슨하게 풀어 주기 위해서였다. (바라나시, 요가 동작을 하고 있는 수행자)

이제 자이살메르의 어느 루프식당에서 한국인 중년 여성과 함께 내렸던 결론을 뒤집어야 할 것 같다. 딸아이가 혼자 인도 배낭여행을 떠나겠다고 한다면 허락해야 할 것 같다. 딸아이의 가슴을 뛰게 하는 기대와 설렘을 막아설 이유도, 권리도 내게 없기 때문이다. 위험과 두려움은 기대와 설렘을 발효시키는 미생물 같은 것이고 기대와 설렘은 내 아이를 숙성시키는 효소와 같은 것이기 때문이다.

프랑스 여대생 엘라의 아버지가 "한국은 위험한 나라라서 여행을 허락할 수 없어!"라고 한다면 그 아버지를 내가 이해할 수 없는 것과 다를 바가 없다. 엘라에게 한국은 혼자 여행하기 위험한 나라일 수 있고, 딸아이에게 인도는 혼자 여행하기 안전한 나라일 수 있기 때문이다.

또 하나가 더 있다! 요즘 자식들은 부모한테 허락받는 걸 통보하듯 한다. 이미 마음의 준비를 마쳤고 항공권 예약까지 끝냈을지도 모른다. '나는 이미 결심했고 어떤 것도 내 결심을 바꿀 수 없어요. 그렇게 아세요!'라고 말하고 있는지도 모른다. 그래서 허락을 못하겠다고 버틴다면 그건 통보를 못 받겠다고 버티는 묘한 상황이 될지도 모르기 때문이다.

↑ 갠지스 강은 죽은 자에게 영원한 안식을 주는 곳이다. 때로는 산 자도 죽은 자의 안식을 즐길 수 있다. 잠들면 된다. (바라나시, 배위에서 오수를 즐기는 뱃사공)

↑ 인도의 시인 타고르가 말했다. "모든 아기는 신이 인간에게 절망하지 않았다는 전갈을 지니고 세상에 나온다"고.
(바라나시, 뱅갈리토라의 라씨집 아들)

04

아니야,
그래서 운 게 아니야!

다즐링(Darjeeling)은 직접 가는 기차 편이 없어 뉴잘패구리(New Jalpaeguri) 역까지 가서 거기서 합승 지프를 타거나 아니면 7킬로미터쯤 떨어진 실리구리로 가서 버스를 타야 했다.

며칠 전 바라나시 역 외국인 전용 예약 사무소에 가서 다즐링 가는 기차 편과 여행을 마치고 델리로 들어가는 기차 편을 미리 예매했었다. 예약 창구 여직원에게 꼭 AC3 Class와 SU(Side Upper) 좌석을 구해 줬으면 좋겠다며 두 손까지 모아 부탁했건만 모두 거절했고, 간밤에 잠을 못 잤는지 연신 목젖이 보이게 하품만 해댔다. 그 여자에게 이 남자는 안중에도 없는 모양이었다. 하품하는 개 앞에서 짖어 대는 개 꼴로 부탁했는데도 델리 가는 기차 편만 SU 좌석을 주면서 부탁을 다 들어준 것처럼 생색을 냈다.

그래서 뉴잘패구리 가는 기차는 Sleeper Class에 LB(Lower Bed) 좌석이었고, 델리 가는 기차는 AC2 Class에 SU였다. 사실 Sleeper Class를

한번 타 보고 싶긴 했다. 먼저 타 본 사람들은 AC3와 Sleeper의 차이를 에어컨이 있고 없고의 차이뿐이라고 정의해 줬다. 사실 내가 Sleeper를 망설였던 이유도 그것 때문이었다. 더위에 약한 체질과 땀이 난 상태를 싫어하는 성격 때문이었다. 그래서 가끔 나는 아내한테서 이런 핀잔을 듣곤 한다.

"매운 것도 못 먹고 여름도 싫어하면서 왜 한국에서 태어난 거야?"

'왜 한국서 태어나서 나랑 결혼한 거야!'라는 말이 연상되는 말이다.

내 침대에는 이미 세 사람이 앉아 있었고, 제일 위 칸 침대 UB(Upper Bed)에서는 한 사람이 자고 있었다. 내 좌석 LB는 낮 시간에는 의자로 사용하는 제일 아래 칸 침대였다. 나는 내 침대의 복도 쪽 끝에 비집고 앉으면서 옆에 앉은 젊은 친구에게 손가락 다섯 개를 펴면서 물어봤다.

"왜 여기 다섯 명이 있어? 왜?"

청년은 대답 대신 안쪽에 앉은 두 사람 몰래 두 사람을 가리켰다. UB에서 자고 있는 친구가 UB 주인이고, 청년이 MB(Middle Bed) 주인이고, 안쪽에 앉은 두 명이 가짜라는 얘기 같았다. 나는 알아들었다는 표시로 엄지와 검지를 동그랗게 말아 보였다.

두 시간쯤 달려 기차가 정차하자 청년이 인사도 없이 황급히 내렸고, UB도 훌훌 털고 일어나더니 청년의 뒤를 따라 기차에서 내렸다. 안쪽 두 사람이 진짜고 지들이 가짜라는 얘기였던 모양이었다. 한 시간쯤 더 지나 기차가 서자, 이번에는 안쪽 두 사람마저 함께 내렸다.

AC3칸과 Sleeper가 다른 점, 에어컨이 있고 없고의 차이는 열 수 있는 창문이 있고 없고의 차이이기도 했다. 제법 큰 역에 기차가 서자 창문으로 짐을 먼저 밀어 넣겠다며 창살을 올려 달라고 밖에서 아우성을 쳤고, 좁은 출입문으로는 검은색 포탄이 발사되듯이 검은 얼굴들이 봇물 터지듯 밀려 들어왔다. 사람들이 침대 끝에 걸어 놓은 빨래처럼 한 침대에 여러 명씩 걸치고 앉아 있었다. 아무리 봐도 침대 숫자와 사람 숫자가 안 맞다. 가짜들이 다 내린 내 좌석에도 허락도 안 받고 다른 세 명이 새로 와서 앉았다.

침대 숫자보다 많은 사람들이 어떻게 밤을 지내는지는 새벽에 깨어나서야 알았다. 모두 담요를 깔고 기차의 통로 바닥을 빼곡히 채우고 누웠다. 마치 내가 검은 뭉게구름 위에 올라앉아 있는 것 같았다. 인도 사람들이 메고 다니는 가방은 이렇게 까는 담요와 덮는 담요가 들어 있어 큰 모양이었다.

어린 꼬마도 제 아빠 옆 찬 바닥에 몸을 웅크리고 누워 짧은 담요 끝을 발가락으로 당기고 있었다. 내가 앉을 곳만 있으면 내 자리를 비워 주고 내 오리털 침낭을 덮어 주고 싶은 심정이었다. 젖먹이 아기는 수시로 숨이 넘어갈 듯 울어 댔다. 딱히 해 줄 게 없는 애 엄마는 아기를 달래려고 연신 안아서 흔들고 있었다. 이미 기차가 충분히 흔들어 놓은 애를…….

내가 누운 발밑 의자 끝에 앉은 야윈 노인은 밤새 앉은 채 허리를 굽히고 잠을 잤다. 맞은편 침대에서 자고 있는 서양 청년들은 아랑곳하지 않고 10시간을 넘게 죽은 듯이 자고 있었다. 서양 애들은 옛 어른들 말씀대로 잘 자서 잘 자라나 보다 싶었다.

만 24시간 만에 다즐링에 도착했다. 밥을 먹은 지는 29시간이 지났다. 숙소를 잡고 식당으로 가는 길에 와인 숍에 들러 숙소에서 마시려고 괜찮은 와인을 한 병 샀다. 팝 레스토랑에 들어가 킹피셔 맥주를 한 병 먼저 시켰다.

하루가 힘들어서 오늘 저녁은 많이 먹고 많이 마시고 싶었다. 스무 시간 동안 기차 탄 것도 힘들었고, 쉬지 않고 계속 지프 좌석에 구겨져서 다즐링 산길을 올라온 네 시간도 힘들었고, 열차 침대칸에서 목격한 장면 장면들도 힘들었다. 밤새 먹은 것도 없었지만 잠도 거의 자지를 못했다.

숙소에 짐을 풀 때 긴장감도 같이 풀려 버렸다. 맥주를 한 병 더 시켰다. 열차 화장실을 안 가기 위해 29시간 동안 비워 놓았던 속을 맥주가 마비시켜오는 게 느껴졌다. 오래간만에 혈관에 들어온 알코올이 평소보다 빠른 속도로 흘러 내 감각을 통제하고 있던 근육들을 마비시켜 나갔다. 억제되었던 긴장이 풀리고 근육이 느슨해지면서 감각들이 체인 풀린 자전거 페달처럼 헛돌아가기 시작했다.

가장 먼저 통제를 벗어난 감각이 쏟아낸 것은 눈물이었다. 마신 맥주가 모두 눈을 통해 도로 쏟아져 나왔다. 마침 '지연'한테서 놀리는 문자가 왔다.

"그렇게 감상적인 분이셨어요?"

아니었을 것이다. 너무 오랫동안 취해 보지 못해서 그랬을 것이다.

갑자기 추워진 이곳 날씨 때문이었을 것이다. 다즐링 공기에 산소가 희박한 탓이었을 것이다. 자지러지던 아기는 지금쯤 편안해졌는지, 발가락을 꼼지락거리던 아이는 지금쯤 따뜻한 이불을 덮었는지, 밤새 앉아서 졸던 영감은 편안하게 허리를 펴고 누웠는지, 그게 궁금해서가 아니었을 것이다.

← '삶은 해결해야 할 문제가 아니라 겪어야 할 현실이다.' 나중에 부처가 된 고타마 싯다르타의 말이다. (조드뿌르, 사다르 바자르)

↑ 콜럼버스가 스페인 이사벨라 여왕의 지원을 받아 천신만고 끝에 산살바도로 섬에 상륙하면서 아메리카를 발견했다. 너무나도 인도이길 바랐던 곳이었다. (우다이뿌르, 거리 풍경)

05

영어가 짧아서,
우리말이 길어서

아무리 봐도 나는 타고난 여행 체질이다. 그걸 젊어서는 알지 못해 세월을 다른 데 다 써 버렸다. 나한테는 여행하기에 편리한 몇 가지 체질적 강점이 있다.

예민한 후각에 비해 둔한 미각이 그 첫 번째다. 매운 음식 빼고는 웬만한 건 다 잘 먹는다. 맛을 민감하게 구분할 줄을 모르니 모든 음식이 다 맛있다. 그래서 아내가 만든 음식도 맛있게 먹는다. 내 강점을 알고 있는 아내도 가끔 국이나 찌개 간을 봐 달라고 부탁할 때 냄비를 내 얼굴에 들이밀면서 이렇게 말한다.

"냄새 맡아 봐!"

여행지에 오면 그곳 음식만 먹고도 잘 견딘다. 오히려 여행지에 도착하자마자 한국 음식 찾는 사람들을 저주한다. 지금껏 여행지에서 실패한 음식은 모택동이 생전에 즐겨 먹었다는 취두부가 유일하다. 매번 여행 올 때마다 튜브 고추장을 몇 개 사 오지만 매번 그냥 가져간다.

두 번째는 잠을 덜 자고 버티는 체력이다. 하루를 마치고 이것저것 정리하다 보면 금방 새벽이 와 있어 매번 잠자는 시간을 놓치고 만다. 터키 여행 때 방을 같이 썼던 선배가 하루에 네 시간을 채 안 자는 나를 보고 깜짝 놀랐다.

"어떻게 노인보다 덜 자?"

물론 이동하는 차 안에서는 죽은 듯이 잔다.

인도에서 거의 피해 가지 못한다는 설사에 한 번 안 걸리는 성능 좋은 대장과 24시간 화장실 안 가고도 버티는 튼튼한 오줌보도 한몫한다. 내 선배는 화장실 가는 게 걱정돼 버스 타는 날은 커피도 안 마신다.

짐을 쌀 때와 비행기를 탈 때 가슴이 뛰는 것도 강점 중 하나다.

그런 나도 여행에서 가장 불편한 것은 역시 언어다. 여행하면서 영어가 짧으면 짧게 하고, 안 들리면 못 들은 척하면 그만이긴 하다. 짧은 영어를 길게 하려니까 힘든 거고, 안 들리는 걸 다 들으려니까 언어 때문에 여행을 못한다는 소리가 나온다.

프랑스 말을 한마디도 못하는 내 친구가 옛날 혼자서 프랑스를 열흘 동안 여행하고 돌아왔다. 그 친구가 여행했던 방식은 이랬다. 아무 식당이나 들어가 손가락으로 아무 메뉴나 찍으면 그 음식이 나왔고, 격식 무시하고 먹은 후 나올 때에 호주머니 돈을 다 꺼내 데스크에 펼쳐 놓으면 계산하는 여직원이 알아서 가져갔다. 여행에서 서툰 언어는 불편한 이유이긴 하지만, 여행을 못할 이유는 아니다.

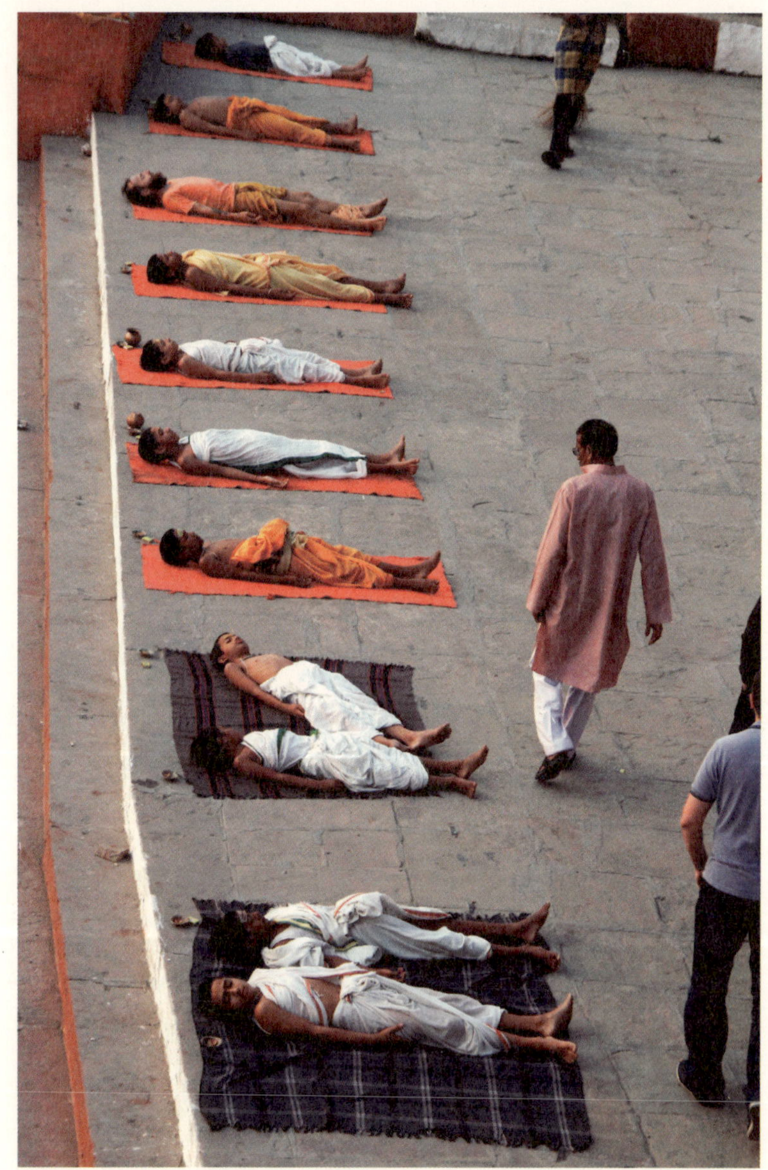

↑ 수행자들이여, 그대들이 모여 앉으면 마땅히 두 가지 일을 해야 한다. 하나는 진리에 대한 이야기를 나누는 일이고, 또 하나는 침묵을 지키는 일이다. 인간관계에서도 마찬가지이다. – 법정 (바라나시, 아침을 시작하는 어린 수행자들)

아시가트까지 걷는 아침 산보 길에 인도 청년 한 명이 내 옆에 다가오더니 나와 보폭을 맞추었다. 자신을 대학생이라고 소개한 그 청년은 요즘 광고 카피 '학생입니까?'에 해당하는 나이가 들어 보이는 친구였다. 멘탈과 심리학에 관심이 많아 그 분야의 공부를 하고 있단다. 자신도 아시가트까지 걷는 중이니까 이야기나 나누면서 같이 걷잔다.

아침 산보는 내가 사색하는 소중한 시간이니 혼자 걷게 날 좀 내버려 달라고 부탁하고 싶었지만, 멘탈을 연구하는 친구에게 "아침부터 영어하면 머리에서 쥐가 나니까 날 좀 내버려 둬."라고 말하고 싶은 내 멘탈이 들킬까 봐 한 시간 동안 같이 걸었다.

그 친구가 나한테 던진 첫 질문은 우리말로도 대답하기 어려운 것이었다.

"한국 사람들의 멘탈의 특징이 뭐야?"

상황이 주어진 상태에서 영어로 대화하는 일은 그런대로 쉽다. 기차표 예약할 때는 차표 예약하는 얘기만 하고 음식을 주문할 때는 음식 얘기만 하기 때문이다. 그래서 피차 눈치로 절반은 알아듣는다. 그러나 멘탈을 주제로 영어로 대화하는 일은 멘탈이 먼저 붕괴되는 일이다.

푸쉬카르와 자이뿌르에서, 그리고 바라나시를 떠난 후 다즐링과 갱톡에서 머물렀던 각 일주일여 동안은 한국 사람을 한 명도 만나지 못해 우리말을 한마디도 못하고 지내야 했다. 남의 말만 사용해서 타고 먹고 자면서 여행해야 했다.

우리말을 못한다는 것은 벙어리로 사는 만큼이나 답답하고 불편한 일이다. 우리말을 못하고 산다는 것은 속에 있는 것을 표현 못 하고 산다는 의미이다. 웬만하면 내 속에 있는 욕구, 욕심, 불만, 불편 같은 것들을 대부분 억누르거나 포기하고 견디며 지내야 한다는 의미이다.

바라나시에서 갠지스 강 보트를 타는 것은 여행의 정해진 코스이다. 보트를 타고 아침에는 강가의 일출을 보거나 저녁에는 일몰을 보기도 하고, 바라나시에 대한 설명을 들으면서 강의 상류에서 하류로 한 바퀴를 돈다. 전설이나 신화가 많은 나라이고 우리와 문화적 차이가 큰 나라인 만큼 들을 얘기들이 많다.

그중 한국인 여행객을 상대로 보트 영업을 하는 철수와 선재가 있다. 둘 다 한국말을 잘해 한국어로 설명을 해 준다. '철수'는 구호 전문가 한비야가 한국 사람들이 부르기 편하게 지어 준 이름이고, '선재'는 본명인 'San Jay'를 류시화 시인이 한국식으로 지어 준 이름이라고 한다. 철수가 현실적인 이야기를 주로 해 준다면, 선재는 신화 이야기를 많이 해 준다. 두 사람의 설명이 달라서 두 사람의 보트를 다 타 보는 게 좋다. 어느 날 그중 한 명이 자신의 설명을 노트에 적고 있는 나에게 이런 당부를 했다.

"내 설명 내용을 상대 친구에게는 말하지 마세요!"

내가 이렇게 대답해 줬다.

"안 해! 근데 두 사람의 설명이 같아지면 둘 다 손님이 절반으로 줄 거야."

철수와 선재 보트를 타면 무엇보다 좋은 점은 인도 사람이 한국어로 설명을 해 준다는 것이다. 우리말로 설명을 들으니 더없이 편하다. 못 알아듣는 말이 없고 못 물어볼 말이 없고 안 통하는 말이 없어서 속이 다 후련하다.

가끔 나는 아내와 싸울 일이 생기면 내가 먼저 입을 닫아 버린다.
"왜 말 안 해?" 아내가 다그치면 언제나 이렇게 대답하곤 한다.
"말이 통해야 말을 하지!"
아내와 영어로 싸우는 것도 아닌데 말이 안 통하고 답답하다. 철수와 선재가 우리말로 하는 설명을 들으면 안 통하는 말이 없고 속이 다 후련한데 말이다.

여행지에서 짧은 영어로 대화하려면 질문은 가급적 상대가 알아듣도록 배려해서 말해야 하고, 대답은 가급적 주의 깊게 신경 써서 들어야 한다. 안 통하는 언어로 소통하려면 내가 하고 싶은 말은 가급적 짧게 줄여야 하고, 상대의 말은 가급적 놓치지 않고 다 들으려고 애써야 한다. 말이 불편하면 내 속에 있는 욕구와 욕심은 적당히 포기해야 하고, 참을 만한 불평불만은 웬만하면 억누르고 견뎌야 한다.

너무 편한 말로 하다 보니 나는 아내에게 질문은 띄엄띄엄하게 했고 아내의 대답은 건성으로 들었다. 잘 통하는 말을 쓰다 보니 내가 하고 싶은 말은 길게 다 하려고 했고 아내의 말은 쉽게 흘려들었다. 말이 편해서 내 속에 있는 욕구와 욕심은 빠짐없이 주장했고, 참을 만한 불평불만조차 아내에게 다 쏟아냈다.

여행지에서와는 다르게 너무 편한 말이 마음을 불편하게 만들었다. 때론 잘 통하는 말이 마음을 안 통하게 만들었다. 결국 여행지에서도, 집에서도 언어가 문제였다.

여행지에서 쓰는 언어는 불편하고 짧은 영어였는데, 아내와 내가 싸울 때 쓰는 언어는 너무 편하고 긴 우리말이었다.

↑ 옛날 인도의 수행자들은 비가 내리는 날 새로 돋아나는 풀이나 벌레 등을 밟아 죽이지 않으려고 일정한 곳에 머물면서 수행을 했다. 그것이 우안거의 시작이었다. (바라나시, 일출을 바라보는 어린 수행자들)

↑ 명상은 자기 자신과의 대화이고 기도는 자기 자신과의 약속이다. 둘 다 신의 힘을 빌려 하는 행위이다. (바라나시, 일출을 바라보는 어린 수행자)

↑ 제단에 발효음식을 올리지 않았던 이유는 발효와 부패의 차이를 몰랐기 때문이라고 한다. 기도 중 하품은 기를 호흡하는 모습과의 차이를 몰라 용납될지도 모른다. (바라나시, 기도 중 하품하는 어린 수행자)

↑ 이마에 색칠을 한 것은 사원에서 기도를 했다는 의미라고 한다. 사원에서 나올 때 칠해 준단다. 스탬프 도장 '참
잘했어요'라는 얘기다. (바라나시, 어린 수행자들)

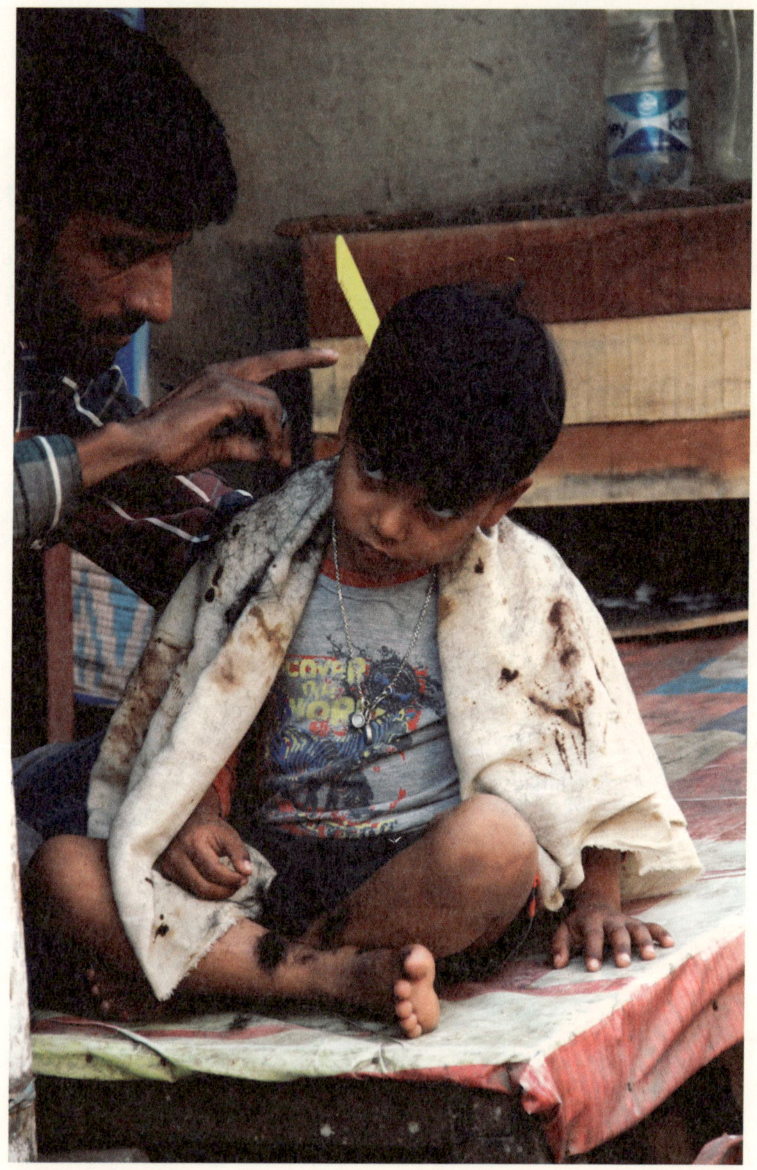

↑ 수건은 추울까 봐 어깨에 걸친 게 분명해 보인다. (바라나시, 이발하는 어린이)

06

히말라야,
이상과 비현실의 산

새벽 네 시, 나는 지프가 다른 승객들로 채워지기를 기다리고 있었다. 클락 타워 부근의 지프 스탠드에서 약속한 네 시에 지프를 탄 사람은 나밖에 없었고 나머지는 4시 반이 지나서야 한 명씩 좌석을 채웠다. 타이거힐은 다즐링에서 히말라야의 일출을 가까이서 볼 수 있는 해발 2,570미터의 전망대이다.

사실 나는 여행 계획을 세울 때, 히말라야 트래킹을 넣을지 말지로 고민을 했었다. 문턱까지 왔는데 문턱 정도는 넘어 봐야 하지 않겠냐며 히말라야가 유혹해 오긴 했지만, 이번 여행은 인도 외의 다른 곳에서 하루도 쓰고 싶지가 않았다. 그래서 히말라야는 먼발치에서 바라보는 것으로 만족하기로 했다.

지프들이 밤공기에서 어둠을 헤쳐 놓으며 서로의 꼬리를 물고 한 시간여를 달렸다. 물에 물감이 풀리듯 지프가 지나간 공간에서 여명이 빠르게 번지고 있었다. 다즐링은 고산지대라 경사로가 많기 때문 사이클 릭샤나 오토 릭샤가 없는 대신 지프가 주요 교통수단이다.

꼬불꼬불 산길을 줄지어 오르는 지프 헤드라이트의 꿈틀거리는 모습이 하늘로 승천하는 히말라야 용의 용오름을 닮았다. 마지막 꼬리질로 땅을 박차고 밤하늘을 오르는 거대한 몸부림처럼 보였다. 부지런한 승객만 골라 태운 운 좋은 지프들이 막대풍선에 바람을 채우듯 먼저 정상부터 차곡차곡 산길을 채워 내려왔고, 늦게 도착한 우리는 지프에서 내려 한참을 걸어 올라가야 했다.

하늘이 맑으면 에베레스트와 칸첸중가, 로체, 마칼루 등 8천 미터가 넘는 히말라야의 봉우리를 네 개나 볼 수 있고, 그중 칸첸중가를 가장 크게 볼 수 있다고 했다. 전망대 아래 산 능선에는 짙은 흰 구름이 마치 담장을 넘는 큰 구렁이처럼 불길하게 산허리를 감아 넘고 있었다.

전망대의 수백 개의 눈들이 모두 동쪽 하늘을 향하고 있었다. 어둠 속 어딘가에 숨어 있을 칸첸중가를 가장 먼저 봐야겠다는 의지가 사람들의 시선을 동쪽 하늘에 고정시키고 있었다. 태양도 히말라야는 넘기 힘든지 좀체 나타나지를 않았다.

여섯시쯤 동쪽 하늘이 서서히 밝아지면서 정작 멀리 북쪽 하늘이 먼저 열렸다. 옆에 섰던 현지인이 내 어깨를 툭 치고는 북쪽 하늘을 가리키며 말했다.

"Everest!"

다즐링의 중심 챠오라스타(Chowrasta) 광장에는 뒤편으로 한 바퀴를 도는 산책로가 있다. 아침 시간에 많은 사람들이 산보를 하거나 조깅을 한다. 나도 아침 6시에 카메라만 메고 산책길에 나섰다. 빠르게 한 바퀴 돌고 Glenary's Bakery에 가서 아침으로 빵과 커피를 먹을 생각이었다.

이른 시간인데도 이미 꽤 많은 사람들이 나와 있었다. 첫 번째 벤치가 나올 즈음에 왼쪽 먼 하늘에 흰 구름 덩어리가 눈에 들어왔다. 산이었다. 옆에 있는 사람에게 저게 무슨 산이냐고 물어보았더니 '칸첸중가'란다. 어제 못 본 칸첸중가를 아침 산책길에서 만날 줄은 몰랐다. 높은 곳의 깊은 곳에 숨겨져 있을 줄 알았다. 차를 타고 멀리, 높이 올라야 겨우 그 모습을 볼 수 있을 줄 알았다.

내가 갱톡을 마지막 여행지에 넣은 이유는 한 가지뿐이었다. 히말라야를 더 가까이서 보기 위해서였다. 그래서 갱톡의 일정도 짧게 잡았고 정보도 전혀 없이 왔다. 히말라야의 일출만 보고 떠날 생각이었다. 호텔 프런트 젊은 직원은 'Tashi View Point'로 가라고 알려 주면서 내일 새벽 4시까지 호텔 앞에 택시를 대기시켜 놓겠다고 했다. 타이거힐에 가기 위해 다즐링에서 출발했던 시간과 같은 새벽 4시인 걸 보면, 칸첸중가의 가슴팍까지는 가는 모양이다 싶었다.

택시 기사는 달린 지 30분 만에 칠흑 같은 어둠 밖으로 날 내려 줬고, 나는 새벽 4시 반에 칠흑 같은 어둠밖에 없는 Tashi View Point 전망대에 도착했다. 호텔 직원은 해가 뜨고 달이 뜨는 데 무관심한 친구였거나, 5시쯤에 해가 뜬다고 잘못 알고 있거나, Tashi View Point 전망대를 가 본 적이 없는 친구인 게 분명해 보였다.

더구나 나를 태운 택시 기사는 내가 만난 인도인 중에 가장 영어를 못하는 과묵한 친구였다. "왜 이리 일찍 가?"라고 한마디만 물어봐 줬더라도 야밤중에 산꼭대기에 올라서서 '지구 특공대'처럼 잠든 지구를 내려다봐야 하는 일은 없었을 것이다. 동이 트려면 한 시간 반은 기다려야 했다. 그 정도를 미리 기다리는 정성이면 히말라야가 솜털까지 보여줄 거라 기대했다.

한 시간쯤 지나자 한 무리의 70대 일본인 남녀 사진 동호인들이 인도인 가이드를 따라 올라왔다. 주름진 가는 목에는 자신들의 목보다 굵은 렌즈를 장착한 카메라를 두 대씩 메고 있었다. 삼각대를 앉히는 모습이 진지해서 정체만 드러내면 히말라야의 빈틈까지 다 찍고 말 태세였다. 여섯시쯤 동쪽 하늘이 열렸고, 칸첸중가가 있는 북쪽에는 짙은 구름이 하늘을 에워싸고 우리 쪽으로 햇빛을 도로 반사해 내고 있었다.

이번 여행에서 히말라야가 나한테 허용한 거리는 거기까지였다. 갱톡은 히말라야가 허용한 거리 밖에 있는 도시였다. 히말라야의 가슴팍을 파고든 것은 섣부른 과욕이었다. 타이거힐에서 에베레스트를 보여 준 것은 먼 길을 찾아 준 여행객의 수고에 대한 답례였다. 챠오라스타 산책길에서 칸첸중가를 보여 준 것은 그냥 돌아가야 하는 아쉬움에 대한 히말라야의 배려였다.

손가락 두어 마디 크기로 보이는 산인데도 시야를 다 채운 것 같은 위용이 느껴졌다. 베일 듯 날카로운 산허리가 멀리서도 보였다. 산 정상에 수평으로 길게 걸친 구름은 마치 히말라야가 더 높아지려는 걸 눌러 막고 있는 것 같았다. 그곳은 내가 선 땅과 이어진 곳이 아니었다. 모르는 세계가 저 산과 이 땅의 중간을 채우고 있을 것 같았다.

이 땅이 융기하여 만들어진 산이 아니었다. 흙과 돌과 얼음으로 이루어진 것이 아니라 이상, 비현실, 죽음, 신같이 우리가 알지 못하는 것들을 지칭하는 명사를 이름으로 갖고 있는 모든 것들로 이루어져 있을 게 분명해 보였다. 그것은 마치 세상의 모든 것들을 토해 내고 흡입하는 범접할 수 없는 거대한 블랙홀 같았다. 세상이 생겨난 어머니의 자궁 같은 곳이고 세상이 가야 하는 궁극의 쉼터 같았다.

고대 인도인들이 세계의 중심에 있다고 상상했던 수메루(Sumeru) 산일지도 모르는, 바로 그 산이었다. 하늘의 짙은 색이 실바람에도 금이 가고 말 듯 예리하게 푸르렀다. 산의 흰색은 고고한 정신세계를 가진 브라만의 흰색 옷을 닮아 있었다.

↑ 히말라야는 산스크리트 말로 '눈(雪)'과 와 '거처(居處)'를 뜻하는 히마(hima)와 알라야(alaya)의 합성어란다.
'눈의 집'이란 뜻이다. (다즐링, 구름이 넘고 있는 타이거힐 아래 능선)

↑ 최초로 이 산을 등정한 영국 산악인 C.에번스는 '산 정상의 신성(神聖)'을 침범하지 않겠다는 시킴 수상과의 약속 때문에 정상을 눈앞에 두고 되돌아왔지만 등정을 인정받았다. 약속을 요구한 사람, 그 약속을 지킨 사람, 등정을 인정한 사람 모두 멋져 보인다. 나는 절대 못할 일이라서 더더욱 그렇게 보인다. (다즐링, 챠오라스타 산책길에서 본 칸첸중가)

07

죽어서도 같이
살고 싶은 남편

챠오라스타(Chowrasta) 광장에 네다섯 가지의 서로 다른 색의 교복을 입은 한 무리의 남녀 고등학생들이 모였다. 그들은 도화지에 그린 그림을 집게로 줄에 매달고 있었다. 남학생은 남학생들끼리, 여학생은 여학생들끼리, 붉은색 교복은 붉은색 교복끼리, 녹색 교복은 또 그 색끼리 삼삼오오 모여서 그림을 줄에 걸고 있었다.

어린 학생들의 손에 들린 그림의 주제는 다름 아닌 '가정 폭력(Domestic Violence)'이였다. 인도 여성들의 70퍼센트가 매 맞거나 성관계를 강요당하는 등 어떤 형태로든 폭력의 피해자라고 한다. 인도 정부도 여성에 대한 범죄가 3분에 한 건 꼴로 발생하고 있고, 그 대부분이 가정 폭력이라고 발표했다.

인도에서 가정 폭력의 가장 흔한 원인은 결혼 지참금과 관련이 있다고 한다. 여성들이 결혼할 때 '다우리(dowry)', 즉 시집에 선물과 돈을 넉넉하게 내지 않으면 신랑이나 시댁 식구들에 의해 학대받거나 구타

당하고 심지어는 살해당하기도 한다는 것이다. 부엌에서 일하던 주부가 조리하던 불이 사리에 옮겨붙어 사망했다고 발표되는 사고의 상당 수는 결혼 지참금과 관련한 구타와 살해가 실제 원인이라고 했다. 이제는 그 방법도 진화해서 스스로 자살을 하도록 괴롭힌다고 한다.

인도에서 가정 폭력의 또 다른 원인은 절대적인 가부장의 권위다. 가부장의 절대적인 권위는 아들을 중시하는 남아(男兒) 선호 사상과 여성을 상하관계의 대상으로 여기는 의식을 낳았다. 마니카르니카 가트의 화장터에서는 아들이 '영원히 꺼지지 않는 불'에서 불씨를 얻어 와 장작에 불을 붙여야 비로소 영혼이 하늘로 갈 수 있다고 믿는다. 여성은, 영혼이 하늘로 가는 소망을 이루는 자리에서는 아무도 울지 않아야 한다는 금기를 지키지 못하는 존재라는 이유로 화장터 출입조차 금지되고 있다. 그래서 아들이 없는 사람이 죽으면 딸 대신 조카가 그 일을 한다. 힌두교 성전(聖典)인 마누법전에서조차 여성을 남성에게 순종해야 하는 존재이자 출산을 위한 도구로 보는 경향이 있다고 한다.

가정 폭력의 세 번째 원인으로 여성들의 낮은 교육 수준을 꼽는다. 중학교까지 의무교육인데도 인도 여성들의 의무교육 이수율은 지금도 50~60%에 그치고 있다고 한다. 사회적으로 낙인찍히는 것이 두려워서, 그나마 경제적으로 의존할 수 있는 곳을 잃는 것이 싫어서 폭력으로부터 자신을 보호하려는 노력은 시도되지도 못하고 사건의 대부분은 수면 아래로 그냥 묻히고 있다는 것이다.

인도에서의 가장 심각한 가정 폭력의 역사는 '사티(Sati)'가 아니었을까 싶다. 사티는 남편이 먼저 죽으면 남편을 화장하는 불길 속으로 아내도 같이 뛰어드는 순장(殉葬) 풍습이다. 조드뿌르의 '메헤랑가르성(Meherangar Fort)'으로 들어가는 일곱 개의 성문을 지나면, 마지막 문인 '로하 폴(Loha Pol)' 옆 벽면에는 31개의 손바닥이 찍힌 손도장이 있다. 어느 왕의 죽음을 따라 불길 속으로 몸을 던진 31명 아내들의 손도장이라고 한다.

왕가에서 시작된 이 풍습은 점차 상층계급으로 퍼져나갔고 나중에는 일반에게까지 확대되었다. 인도에 이런 속담이 있다. '여자의 흠은 수천 가지이나 여자의 장점은 세 가지이다. 가정을 돌보고 자식을 낳고 남편과 따라 죽는 것이다.'

'사티'는 시바신의 아내였다. 그녀는 아버지 '다크사'가 반대하는 시바와의 결혼을 강행했고, 꾸준히 남편을 싫어하는 아버지에 항거하고 남편의 명예를 지키기 위해 남편을 화장하는 불길 속으로 뛰어들었다. 그녀의 결행에는 두 가지의 소망이 있었고 불길에 뛰어들기 전에 그렇게 기도했다고 한다. 하나는 다음 생에는 진심으로 존경할 만한 아버지를 만날 수 있게 해 달라는 것이었고, 다른 하나는 지금의 남편과 영원히 같이 살 수 있게 해달라는 것이었다. 이후 '사티'가 남편을 따라 죽는 순장 풍습이 되었고, '사티'라는 말 자체가 '정숙한 아내'라는 의미로, 남편을 화장하는 불길에 몸을 던져 순사(殉死) 한 여성을 가리키는 단어로 사용되었다고 한다.

이런 폐습은 1829년 금지 법령이 선포된 이후 차차 소멸하였다고 하지만, 불과 30여 년 전인 1987년, '루프 칸와르'라는 젊은 여성이 남편의 시체와 함께 산 채로 화장되었고 '사티의 여신'으로 승천하였다고 한다. 그녀는 열여덟 살의 꽃다운 나이였으며, 중학교를 졸업한 신식 여성이었고, 결혼한 지 겨우 7개월이 지난 신부였으며, 남편과 같이 지낸 시간이 불과 몇 주일도 되지 않았던 아내였는데도 말이다.

폭력을 휘두르는 많은 남편들이 아내를 때리는 이유는 모순적이게도 아내가 자기를 떠날까 봐서란다. 힌두의 악습 '사티' 풍습도 아내에 대한 남편의 두려움에서 시작된 것으로 보인다. 내가 죽은 다음에 행복하게 잘살게 될 아내에 대한 남편의 집착과 질투심, 이기심에서 기인한다는 것이다. 그렇다고 해서 '사티' 풍습을 아내에 대한 남편의 사랑과 연민 같은 고운 포장지로 미화할 일은 아니다. 남편의 질투심, 집착 같은 질긴 포장지로 포장될 일도 아니다. 그것은 그냥 일방적인 폭력일 뿐이다.

아내들이 불길 속으로 뛰어드는 일도 '정숙', '정절' 같은 말로 미화할 일이 아니다. '정절'은 여성의 가슴에만 찍어야 하는 주홍글씨가 아니다. 강요된 폭력일 뿐이다. 스스로 화염 속으로 뛰어든 시바의 아내 '사티'와는 다르게 대다수의 아내들은 남편의 시체에 묶이거나 두들겨 맞으면서 억지로 장작더미에 올랐다고 한다. 게다가 불길에서 뛰쳐나오는 것을 막기 위해 사전에 아편이나 환각제를 먹였다는 주장도 있다. 그녀들이 정작 두려워하고 피하고 싶었던 것은 뜨거운 불길이 아니라 다음 생에서도 지금의 남편과 살아야 한다는 사실일지도 모른다는 생각은 죽음의 심각성 앞에서 지나치게 경솔한 나의 해학이었을까?

"여자가 재혼할 때는 첫 번째 남편을 몹시 싫어하기 때문이고, 남자가 재혼할 때는 첫 번째 부인을 몹시 사랑하기 때문이다. 여자들은 시험 삼아 자신의 운을 걸어 보지만, 남자들은 행운을 얻기 위해 위험을 무릅쓴다." 소설 『도리언 그레이의 초상』의 이 구절이 나의 경솔함을 부추기긴 했다.

아무튼 다음 생에 존경할 만한 아버지를 만나는 일은 자식이 선택할 수 있는 일도 아니고, 영원히 같이 살고 싶은 남편은 '시바'신 같이 신의 세계에나 존재하는 대상이다. 인간 세상에서 이런 부류의 두 남자를 한꺼번에 만나길 기대하는 일은 어쩌면 불길 속으로 뛰어드는 일만큼 해서는 안 되는 일일지도 모른다.

갑자기 그림을 걸고 있는 남학생들이 무슨 생각을 하고 있을지가 궁금해졌다. 또 다른 한쪽에서 같은 그림을 걸고 있는 여학생은 어떤 생각을 하고 있을 지가 궁금했다. 그들의 아버지와 어머니가 자신들이 걸고 있는 그림의 당사자일 수도 있고, 자신들의 손으로 그린 그림의 바로 그 가해자와 피해자일 수도 있는데 말이다. 자신들 역시 미래의 가해자와 피해자가 될 수 있는데도 말이다.

지금 그들의 머릿속에 '다우리', '영혼을 하늘로 보내 줄 아들', '정숙한 아내' 같은 낱말들의 의미가 어떻게 혼재되어 있을지 궁금했다. 그들의 머릿속에 '존경할 만한 아버지'와 '영원히 함께 살고픈 남편'은 또 어떻게 정의되고 있을지가 궁금했다.

↑ 딸을 시집보내면서 신랑 측으로부터 그 대가를 받는 결혼은 비속한 결혼이라 여긴다. 딸을 팔아 버리는 것과 같은 것이라고 생각하기 때문이다. 반대로 신랑 측에 많은 선물을 함께 보내는 결혼은 고귀한 결혼이라 여긴다. 마누 법전에 근거한 거란다. 그러고 보면 내 아내의 결혼이 별로 고귀했던 것 같진 않다. (다즐링, '가정 폭력' 포스트를 걸고 있는 남학생들)

08

**와이파이가 안 되면
안 되는 여행**

가게들이 문을 여는 시간에 맞춰 일찍 게스트하우스를 나섰다. 며칠 전부터 카메라 내부가 오염되었는지 사진 좌측 상단에 벌레처럼 생긴 자국이 남아 차우라스터 입구에 있는 카메라 가게가 문을 열면 카메라의 내부 청소를 받고 다즐링을 떠날 생각이었다.

Glenary's Bakery에서 머핀과 애플파이, 한 잔의 커피로 아침 요기를 하면서 카메라점이 문 여는 시간을 기다렸다. 창밖으로 일터로 향하는 아침 발걸음이 바쁘게 이어졌다. 저 걸음이 돌아올 때면 나는 이 도시에 없을 것이다. 커피 잔이 비워지고 나면 나는 생소한 도시를 향해 익숙해진 도시를 떠나야 한다.

혼자 다니는 여행자에게 그 길은 언제나 살얼음판을 걷는 것처럼 불안하고 낯설고 외롭다. 긴장해서 제시간에 기차를 타야 하고, 제시간에 도착하지 않는 기차에서 제대로 내려야 하고, 낯선 곳 어딘가에서 며칠 묵을 숙소를 잡아야 한다. 그 일들이 무사히 완성되어야 여행자는 비로소 테너의 고음과도 같았던 팽팽한 긴장이 느슨하게 풀리고 긴장이 희열로 바뀌면, 여행자는 희열의 과정을 추억하면서 비로소 느긋해질 수 있다. 그래서 여행자에게 긴장과 희열은, 과정과 결과처럼 시점이 달라서 자극하는 감각 기능이 다를 뿐 원인이 같은 동의어이다.

다즐링에서는 그런 긴장이 시작되기 전의 여유를 더 즐기고 싶었다. 갱톡으로 가는 지프는 30분마다 출발했고 5시간이면 넉넉하게 도착할 수 있다고 했으니 서두를 이유도 없었다. 오염된 카메라도, 인터넷이 안 되는 휴대폰도 볼 일이 없으니 마치 추가 시간을 번 것처럼 느긋하고 여유로웠다.

Glenary's Bakery의 창을 통해 쏟아지는 아침 햇살 쪽으로 자리를 옮겨 앉았다. 머핀의 단맛과 커피의 쓴맛을 남김없이 느끼고 난 후에야 목구멍으로 삼켰다. "영혼이라는 이름의 짐을 지고 다니는 육체라는 이름의 짐승을 먹이고 마른 목은 포도주로 축여 주었다. 음식은 곧 피로 변했고 세상은 더 아름다워 보였고, 옆에 앉은 여자는 시시각각으로 젊어졌다." 그리스인 '조르바'가 나이 든 과부 '오르탕스' 부인을 만나 같이 식사할 때의 묘사처럼 음식도, 세상도, 옆에 없는 여자도 즐기고 싶었다.

Glenary's Bakery를 나서는 순간까지도 나에게는 갱톡(Gangtok)에 대한 정보가 전혀 없었다. 갱톡이 시킴 주(Sikkim 州)의 주도(州都)라는 사실 말고는 얼마나 큰 도시인지, 어떤 관광지가 있는 곳인지, 묵을 만한 숙소나 식당은 어떤 곳이 있는지 전혀 모른 채 갱톡으로 들어갈 수 있는 허가증만 받아서 출발한 것이다.

다즐링의 좋지 못한 인터넷 환경 때문이었다. 내가 묵었던 Andys Guest House의 친절했지만 근엄해 보였던 여주인은 9시부터 9시까지 12시간은 와이파이가 가능하다고 했는데, 떠나기 전날은 하루 종일 와이파이가 되지 않아 갱톡에 대한 정보를 전혀 검색할 수 없었다.

내가 도착한 갱톡 지프 스탠드는 사방이 높은 건물에 에워싸여 있었다. 하늘이 막혀 있어서 동서남북조차 분간할 수가 없었다. 방위를 알 수 없으니 지도를 펼쳐 보는 일은 손바닥에 침을 튀기는 일처럼 무모해 보였다. 택시들이 연이어 다가와 얼른 타라고 독촉을 해댔다.

이곳 인터넷 환경도 다즐링과 다르지 않았다. 내 스마트폰은 언제나 내가 다급할수록 느긋했다. 키패드를 터치하는 내 손가락의 움직임이 빨라질수록 액정 가운데에 나타나 대기 상태를 표시하는 작은 원은 무한대로 빙글빙글 돌고 있었다. 지프 스탠드를 서둘러 벗어나서 시야가 트인 곳에서 도시의 생김새가 어떻게 생겼는지를 파악하고 싶었는데, 내 스마트폰은 언제나 그랬던 것처럼 그 순간에도 내 마음의 반대편에서 나를 외면하고 있었다.

숙소를 잡는 일 말고는 따로 목적지가 없었으니 주변 사람들에게 딱히 물어볼 말도 없었다. 뜨거운 물이 잘 나오고 와이파이가 잘 터지면서 저렴하고 깨끗한 호텔이 어디냐고 묻는 것은 이곳 사람들에게는 너무 까다로운 질문이었다. 무작정 앞장을 서곤 했던 지금까지의 인도 사람들과는 달리 이곳 사람들의 대답은 무척 조심스러웠다.

"미안해. 잘 모르겠어!"

실제 방에서 와이파이가 터지는 호텔은 드물었다. 대부분 호텔 로비에서나 될 뿐이었다. 결국 내가 찾은 '뜨거운 물이 잘 나오고 와이파이가 잘 터지면서 깨끗한' 호텔은 2,500루피가 넘는 무척 비싼 호텔이었다.

무작정 택시를 잡아타고 다운타운으로 가자고 했더니 택시기사는 다운타운이 뭐냐고 되물었다. 실리구리나 잘패구리 같은 해발 낮은 아랫동네로 가자는 말로 오해할까 봐 서둘러 번화한 곳이나 젊은 사람들이 많이 모이는 곳이나 여행안내소가 있는 곳으로 가자고 고쳐 주문했다. 다행히 눈치 빠른 기사는 나를 MG로드 입구에 내려 줬다. 그곳은 내가 주문했던 대로 번화했고, 젊은 사람들이 많았고, 초입에 여행안내소가 있었다

벤치에 무거운 배낭을 풀고 앉아 여행안내소에서 얻은 지도를 펼쳤다. 심리학에 '수면자 효과(sleeper effect)'라는 게 있다. 정보가 일정한 간격으로 들어오다가 갑자기 중단되면 앞에 들어왔던 것들이 모두 잠들어 버린다는 것이다. 그동안 내가 가지고 있었던 숙소를 찾았던 방법, 숙소를 정했던 기준, 숙소에 들어가서 처음 입에서 뗐던 말들이 일순 잠든 것처럼 떠오르지 않았다. 갱톡에 대한 정보가 차단되었기 때문이었다. 나는 그곳에서 한 시간을 넘게 잠든 것들이 깨어나기를 기다리며 넋 놓고 앉아 있어야 했다.

내 여행은 엄밀한 의미에서 플래시 패킹(Flash Packing)을 지양하면

서, 지향하는 여행이었다. 예산 한도 없이 비싼 음식을 먹고 좋은 호텔을 찾아다니는 넉넉한 여행은 지양했지만, 노트북이나 디지털카메라, 스마트폰 같은 전자 기기와 와이파이 기술에는 전적으로 의존했었다. 다른 배낭 여행자처럼 싸구려 게스트하우스에서 묵었고, Sleeper Class의 열차를 탔고, 가급적 저렴한 현지 음식을 먹고 다녔지만 카메라를 메고 사진을 찍는 취미도, 새벽에 잠에서 깨어나 노트북으로 일기를 쓰는 습관도 포기할 수는 없었다.

스마트폰으로는 여행지 정보를 수시로 찾아봐야 했고, 구글맵으로 찾아갈 목적지를 검색해야 했고, 안내방송이 전혀 없는 인도 기차가 얼마나 연착하고 언제쯤 내릴 준비를 해야 하는지는 'IXIGO'에서 체크를 해야 했고, 적당한 단어가 떠오르지 않을 때는 스마트폰의 전자사전을 찾아봐야 했다.

그러면서도 여행 공포증이 있었던 '프로이트'처럼 기차가 출발하기 한 시간 전에는 기차 플랫폼에 도착해 있었고, 기차가 도착하기 한 시간 전에는 내릴 준비를 마치고 있었다. 습관보다 더 자주 스마트폰을 들여다봐야 했고, 성질보다 더 과격하게 자주 스마트폰을 내동댕이치고 싶었다. 언제 맞닥뜨릴지 모르는, 세상에서 가장 아름다운 인도 아이들의 웃는 모습을 담을 욕심으로 카메라 렌즈 뚜껑은 항상 열고 다녀야 했다.

갱톡에서 나는 잠깐이나마 등 뒤에 맨 큰 배낭과 노트북과 카메라, 책이 담긴 보조배낭을 내려놓았다. 배낭의 무게가 전생의 무게라면 내 전생의 무게는 적어도 보조배낭의 무게만큼 남들보다 더 무거웠다.

다즐링에서 청소를 못한 카메라와 네트워킹이 안 되는 스마트폰, 원료가 바닥난 공장이 되어 버린 노트북 덕분에 전자기기에 익숙해져 있던 내 몸과 의식도 같이 MG로드의 벤치에서 잠들 수 있었다.

"와이파이가 잘되는 호텔을 잡아야 하는데. 와이파이가 안 돼서 이러고 있어."

정작 잠을 깨운 것은 도와주겠다고 나선 옆에 앉았던 인도 청년이었다. 그동안 나는 무장이 해제된 병사처럼 목표점을 잃은 시선으로 오가는 젊은이들의 생기 있는 모습을 지켜보았고, 내 예민한 후각은 눈을 감고도 향이 별로 없는 MG로드의 번화한 도시 냄새를 구분해 내고 있었다. 그동안 내 오감으로 통하는 구멍을 다 막아 놓고, 내 오감이 꿈틀대려는 기동(機動)을 눌렀던 것은 스마트폰의 유혹이었고, 노트북이 보낸 추파였고, 카메라가 던진 현혹이었다. 내 어깨를 짓눌렀던 전생의 무게가 내 오감도 함께 눌러 잠재우고 있었던 것이었다.

나는 앞장서는 청년을 따라 그 무게를 다시 등과 가슴팍에 짊어졌다. Glenary's Bakery의 따사로운 햇볕 아래에서, 봄꽃이 만발했던 갱톡 MG로드의 벤치에서 잠깐 동안 내 영혼도 가동되고 있음을 확인했다. 언제든 배낭만 내려놓으면 내 오감이 다시 작동을 시작한다는 것을 확인했다. 그러면 됐다.

이제 청년이 소개해 줄 와이파이가 잘되는 호텔을 찾아가서 짐을 풀면 나는 또다시 제일 먼저 카메라를 꺼낼 것이고, 노트북을 펼칠 것이고, 스마트폰 검색을 시작할 것이다.

↑ 꼬마와 늙은 당나귀는 한참을 저러고 기다렸다. 뭔가를 상대가 먼저 하기를 기다리는 배려 같았다. 심성이 순수
하면 통하는 의미를 내 심성으로는 알 길이 없었다. (다즐링, 챠오라스타 광장에서)

09

"여행하시오?"
그리스인 조르바가 물었다

혼자 여행을 하다 보면 누군가 옆에 있었으면 좋겠다는 생각이 들때도 있지만, 혼자라서 편하다는 생각이 들 때도 많다. 서로 상반된이 두 가지 생각은 묘하게도 힘들 때 같이 찾아온다. 힘이 들 때 누군가가 옆에서 힘을 덜어 주면 훨씬 수월하겠다 싶기도 하지만, 한편으로는 힘든 일을 같이 겪지 않아도 되니 홀가분해서 다행이다 싶기도하다. 내 마음속에서 등지고 함께 살고 있는 이기심과 이타심이다.

이번 여행을 아내와 같이 떠날까 몇 번을 망설였다가 결국 혼자 짐을 쌌던 것도 역시 이타심과 이기심 때문이었다. 쉽지 않은 인도 배낭여행에 끌어들여 아내를 힘들게 하고 싶지 않다는 이타심과 아내가 힘들어하면 결국 내가 힘들지도 모른다는 이기심 때문이었다. 자이살메르 가는 기차를 타기 위해 무거운 배낭을 메고 달릴 때에는 아내가 옆에 없어서 다행이다 싶었고, 갱톡에 도착해서 어쩔 줄을 몰라 한 시간을 넘게 MG 로드 벤치에 넋 놓고 앉았을 때는 아내가 있어서 의논이라도 했으면 좋겠다 싶었다. 엄밀하게 따지자면 몸이 힘들 때는 이타심이, 마음이 힘들 때는 이기심이 먼저 작동하긴 했다.

델리에서 지연, 병곤과 헤어지고 나서 심한 허탈감, 고립감을 느낀 후 나는 이번 여행에서 다시는 동행을 만들지 않겠다고 결심을 했었다. 지연, 병곤과도 의도적으로 만든 동행이 아니긴 했지만 고작 하루 동행하고 헤어진 후에 느꼈던 예상치 못한 감정에 적잖게 당황한 탓이었다. 동행은, 서로 준비한 일정이 달라 어차피 끝까지 할 수 있는 것도 아니었고, 혼자 여행을 하겠다는 이번 내 여행의 의도에 맞지도 않았다. 동행할 여행이었다면 처음부터 혼자 떠나오지도 않았을 것이다.

그런 내 여행에 끝까지 동행이 되어 준 것은 휴대폰에 담아 온 37곡의 음악과 '니코스 카잔차키스'의 소설 『그리스인 조르바』였다. 클래식, 가요, 영화 음악이 섞인 37곡은 떠나오기 며칠 전부터 급히 무작위로 다운받은 것들이었고, 음악을 듣는 블루투스 헤드셋은 젊은이들의 구역에서 나를 가장 젊어 보이게 하는 도구일 거라 믿고 언제나 목에 걸고 다녔다.

마음이 일상적이지 못할 때면 언제나 휴대폰을 켜고 들었던 37곡 중에는 내가 여행 중에 자주 흥얼거렸던 양희은이 부른 〈배낭여행〉이란 곡이 있었다. 내가 지금 하고 있는 여행에 관한 노래기도 했지만, 곡의 내용이 마치 숨긴 내 마음을 들킨 것 같아 입안에서 익혔던 곡이었다. 그 곡의 가사 중에 이런 구절이 있다.

"같이 떠날 누군가 있으면 참 좋겠어 / 외로울 때 내가 부를 이름도 / 마음에 한 사람 있어 준다면 좋아"

이미 두 번씩 읽은 소설 『그리스인 조르바』를 짐에 같이 꾸렸던 것은 조르바처럼 자유로운 영혼이 되어 보겠다는 거룩한 의도가 있어서라 기보다는 45일 동안 틈틈이 읽을 만한 두께라서 그랬다. '조르바'가 크 레타 섬의 갈탄광으로 떠난 것도 여행이라고 생각해서 골랐다. 긴 기 차여행 시간에 비하면 이 두께도 얇을지 모르겠다고 생각해서 가장 두 꺼운 책을 고른 것이다. 그 두께가 적당했던지 여행 첫날 델리에서 펼 친 책의 마지막 장을 우연히도 마지막 날 아침 델리에서 읽었다.

항구도시 피레에스프에서 '알렉시스 조르바'는 처음 만난 주인공에 게 이렇게 묻는다.

"여행하시오? 하느님의 섭리만 믿고 다니는 거요?"

두 사람이 만나 크레타 섬으로 떠나기 전 '조르바'는 "내가 인간이라 는 걸 인정해 달라."고 요구하면서 소설도, 두 사람의 여행도 시작된 다. 그게 무슨 뜻이냐는 주인공의 물음에 '조르바'의 답은 이랬다.

"자유라는 거지!"

마지막 여행지 갱톡의 중심 MG 로드에 어둠이 내리고 있었다. 길 의 가운데로 길게 조성된 화단에 핀 꽃들이 조명이 꺼지는 무대에 선 여배우의 화려한 의상처럼 원색을 잃어 가고 있었다. 마치 무대가 끝 나 가는 것처럼 여행도 끝나 가고 있음을 알려 주는 것 같았다.

　화단을 따라 길게 늘어선 벤치 가득 연인끼리 친구끼리 가족끼리 앉아서 해거름의 정담을 나누고 있었고, 그중 한 곳에만 낯선 여행자가 혼자 배낭을 풀고 조각상처럼 미동도 않은 채 한 시간을 넘게 앉아 있었다. 길의 가장자리로는 길게 늘어선 상가 건물이 낯선 이를 경계하는 키 큰 감시자들처럼, 여행자를 가둔 높은 벽처럼 솟아 있었다.

　여행자에게 이 시간은 꿈을 꾸는 시간이다. 여행과 사랑은 꿈을 좇아서 현실로 들어가려는 시도라고 했다. 이 시간이면 여행자는 언제나 지는 해처럼 외롭고 고독해져야 한다. 혼자서 꾸는 꿈이 얼마나 무섭게 외로운지를 느껴 봐야 한다. 옆자리에 간절하게 누군가가 있었으면 좋겠다 싶어져야 한다. 아내여도 좋고 친구여도 좋고 모르는 여행자라도 좋다. 아무런 대화가 없어도 좋고 아무런 눈빛을 느끼지 못해도 좋고 실체가 보이지 않아도 좋다.

　노래의 가사처럼 외로울 때 내가 부르고픈 이름이면 더욱 좋고 마음으로 그리워할 대상이면 더욱 좋다. 누군가 말했던가. 여행의 가장 큰 기쁨 중 하나는 힘들 때 그리워할 대상이 생기는 것이라고…….

　이 시간이면 여행자는 헐거운 옷처럼 자유로워져야 한다. 무엇을 해도 좋고 아무것도 하지 않아도 좋다. 무섭도록 혼자라는 희열을 느껴 봐야 한다. 사지에 힘을 빼고 오감이 자유로워지면 내 영혼에 무슨 일이 일어나고 있는지를 느껴 봐야 한다. 자유로운 내 영혼의 심연에도 무겁게 소용돌이치는 두려움이 있음을 느껴 보아야 한다.

　실존주의 철학자 '사르트르'는 자유는 공포요, 공포는 자유를 느끼게 한다고 단언했었다. 여행지에서 누리는 자유로움의 다른 모습이 두려움이란 걸 깨달아야 한다. 여행의 가장 고귀한 목적이 자유로움이라면 여행의 가장 고상한 수단은 두려움이다. '알베르 카뮈'도 그래서 여행을 가치 있게 하는 건 두려움이라고 일갈했었다.

'인도에서, 밤이 깔리고 나면 나지막한 소리, 먼 곳에서 육식동물이 하품하는 듯한 느리고 야성적인 노래가 들리는데…… 이것이 호랑이의 노래란다. 사람들은 이어서 일어날 일에 대한 공포로 가슴이 두근거린다.'『그리스인 조르바』의 한 구절처럼 지금이 호랑이가 하품하듯 노래하는 그 시간이었다. 사람들이 공포로 가슴 두근거릴 그 시간이었다. 인도에서, 비로소 자유로워질 그 시간이었다. 마지막 여행지에 밤이 찾아드는 바로 그 시간이었다.

10

인도스러운 인도

다시 인도로 돌아왔다. 인도는 이래야 한다. 길에는 동물의 배설물과 쓰레기가 널려 있어야 하고, 거리에는 소와 개들이 널브러져 있어야 하고, 먼지와 오토릭샤의 경적 소리가 섞여서 도로 가득히 날려야 한다. 그래야 인도스럽다.

다즐링이나 갱톡은 그런 인도가 아니었다. 인도의 중심에서 너무 벗어난 고도에 위치해 있었다. 그곳은 사람들의 생김새부터가 달랐다. 나를 닮은 피부색과 짧은 다리, 여성들의 둥글고 평평한 얼굴에서 친근감마저 느껴졌다. 그 모습이 지금은 주변에서 찾아보기 어렵지만, 불과 30년 전 내 누이의 모습을 닮은 것은 진화가 사람의 형상을 한 세대 안에서도 다른 모습으로 바꾸어 놓고 있음을 의미하는 것처럼 보였다.

인도와 티베트와 네팔이 섞여서 공존하는 도시에서 인도의 모습은 다즐링이나 갱톡의 공기 중의 산소 농도처럼 희박해져 있었다. 사람뿐 아니라 개의 생김새도 달랐다. 피부병에 걸려 듬성듬성 털이 빠진 델리의 마른 잡종견들과는 다르게 그곳 개는 잘 먹어서 살도 찌고 털에 윤기가 흘렀다. 똑같이 길바닥에 드러누웠어도 혈통이 있어 보였고 품위가 있어 보였다. 요란한 오토릭샤도 없었고, 도시 전체를 한 겹 덮고 있는 먼지도 그곳에는 없었고, 무엇보다 소는 누가 키우는지 거리에 소가 없었다.

갱톡을 출발한 지 31시간 만에 다시 델리에 도착했다. 그 시간은, 실리구리까지 제 그림자도 추월할 지프 기사의 4시간 반 동안의 내리막 폭풍 질주와 50루피면 충분할 거리를 200루피씩이나 받고 뉴잘패구리 역까지 숨도 안 쉬고 달렸던 사이클 릭샤 그리고 인도에서는 드물게 정시 출발과 정시 도착을 달성한 열차 기관사가 이루어 낸 기적이었다.

아침 6시 반에 갱톡의 숙소를 나와 뉴델리 역에 내린 다음 날 오후 1시 반까지 열차의 바깥으로 하루 반나절의 세상 일이 바람처럼 흘러지나가는 사이에 열차 속의 나에게는 누웠다 앉았다 하는 단순 반복된 행동만이 허용되었다. 그 구속이 오히려 내 영혼이 지유로울 수 있었던 기회라고 말한다면 너무 과장된 미화일까? 24시간 이상을 꼬박 누워 있으면 느낄 수 있는 마법과도 같은 일탈일까, 아니면 31시간 동안 허용된 것 외에는 어떤 것도 할 수 없다는 자포자기일까? 자유는 구속된 불편을 통해 느낄 수 있는 반작용 같은 것일까?

가장 긴장했던 구간의 열차 여행이 다행히 기차표에 찍혀 있던 도착 시간에 맞추어서 끝이 났다. 인도 여행을 떠나올 때 '도중에 포기하고 돌아온다.'에 한 표를 걸었던 사람들을 보란 듯이 내가 45일 동안 10개 도시를 정확하게 돌고 온 것처럼 '델리 가는 열차는 5시간 이상은 연착한다.'에 한 표를 걸었던 내 예상과는 달리 정확한 시간에 델리 역에 도착했다.

인도에는 이런 우스갯소리가 있다. 어떤 사람이 탄두리 치킨과 술을 들고 철로에 누워 있는 걸 보고 지나가는 사람이 말했다.

"그러고 있다 기차가 오면 죽어요!"

"죽으려고 이러고 있소!"

"죽을 사람이 술과 닭고기는 왜 들고 있소?"

누워 있던 사람이 그랬단다.

"인도 기차가 언제 제시간에 오는 거 본 적 있소? 나더러 기다리다 굶어 죽으란 말이요!"

30여 시간 만에 도착한 델리는 여전히 번잡하고 소란스러웠다. 변함없이 더럽고 위험한 도시였다. 내가 한 달 반 전에 델리에 처음 도착했을 때 카톡으로 지인들에게 보낸 첫 메시지는 이랬었다.

"여기서 일주일쯤 살면 사람에 치여 죽거나, 차에 받혀서 죽거나, 허파에 먼지가 쌓여 죽거나, 식중독으로 죽거나, 재수 없으면 개한테 물려 죽거나, 더 재수 없으면 똥 밟아서 미끄러져 죽을 겁니다. 안 그래도 더러워 죽겠습니다."

한국 식당 '라니 카페'의 시끌벅적한 한 무리의 한국 남녀들 속에서 저녁을 먹었다. 옆에서 나처럼 혼자서 저녁을 먹고 있던 30대 초반의 젊은이에게 내가 먼저 말을 걸었다.

"델리가 덜 더럽게 느껴지는 건 한 달 반 사이에 인도에 익숙해졌다는 증거겠지요?"

델리에서 공부 중이라는 그 청년은 한 달에 한 번은 한국 식당에서 우리 음식을 사서 먹는데, 오늘이 그날이라고 했다.

"엊그제 비가 내려 실제로 좀 깨끗해지긴 했습니다."

한 달 반 만에 다시 찾은 빠하르간지는 처음 찾았을 때와는 달리 낯설지가 않았고 오히려 정겨웠다. 보행을 막아서는 릭샤왈라의 호객 행위도, 어둡고 침침한 골목길도, 그 골목길에서 나는 지린내조차 친근하고 익숙하게 느껴졌다. 마치 오랫동안 집을 떠나 도회지에서 살다가 고향으로 돌아온 사람이 편안함을 느끼는 것처럼.

어쩌면 이런 환경에 익숙해 있던 내 세포 속 DNA의 기억을 깨운 건지도 모르겠다. 그것을 고향의 느낌으로 기억하고 있는 유전자가 아직 내 몸속에 남아 있어 지린내를 맡았는지도 모르겠다. 델리에서의 첫날 아침에 숙소를 나서면서 눈살을 찌푸려야 했고 코를 막아야 했고 오물을 밟지 않기 위해 종종걸음으로 걸어야 했던 것도, 첫 메시지를 그렇게 썼던 것도 수십 년 사이에 변형된 DNA들 때문이었고, 정작 민낯과도 같은 내 본래의 DNA는 오랫동안 변형된 것들에 억눌려 구속되어 있었던 건지도 모르겠다.

마치 열차 밖으로 하루 반나절이 지나갈 동안 좁은 침대에 갇혀 있어야 했던 내 기차여행처럼 내 오래된 DNA도 앉았다 누웠다 만을 반복할 수 있는 좁은 공간에서 잠들어 있었던 건 아닐까? 그러다가 이제 잠에서 깨어나 도착지의 플랫폼에 내린 건지도 모르겠다. 30시간 만에 도착한 이곳에 같이 내려 30년도 훨씬 넘긴 기억을 깨우고 향수를 불러왔는지도 모르겠다.

2014년, WHO가 선정한 '대기오염 최악의 도시' 20곳 중 13곳이 인도의 도시였다. 그 중에서도 델리가 최고였다. 준비해간 황사마스크를 썼다가 1시간 만에 벗었다. 때론 좋은 일도 혼자 하면 이상한 짓이 된다. (올드 델리, 붉은 성으로 가는 길)

11

여행자의 배낭 꾸리기,
짐꾼의 짐 꾸리기

자이살메르행 기차를 타기 위해 올드 델리 역의 긴 플랫폼의 끝에서 끝까지를 달려야 했다. 플랫폼을 잘못 알려 준 역무 경찰 때문에 몇 차례 계단을 오르내리면서 시간을 보내는 사이에 내 두 다리를 버티던 힘도, 기차의 바퀴를 정지시키고 있던 힘도 이미 풀려 있었다.

AC3칸까지 제대로 도달해서 출발 시간을 이미 넘기고 있던 기차를 타는 것은 불가능해 보였다. 기차를 타기 위해 계속 뛴 것이 아니라, 나중에 안 뛴 걸 후회하지 않기 위해 달렸다. 50L짜리 배낭은 비녀장을 지른 형틀처럼 뛰어야 하는 양 어깨를 꼼짝 못하게 압박했고, 가슴팍 쪽으로 빗겨 맨 보조 백팩은 달려야 하는 무릎의 움직임을 막아섰다.

"짐이 무거우면 무거울수록, 삶이 지상에 가까우면 가까울수록 우리 삶은 보다 생생하고 진실해진다." 밀란 쿤데라의 소설 『참을 수 없는 존재의 가벼움』에 나오는 구절처럼 여행지에서 내 삶을 생생하고 진실하게 담보할 짐의 무게가 나를 기차에 오르지 못하게 막고 있었다. 기차를 놓치고 바닥에 주저앉는 것이 그 순간의 생생하고 진실한 네 삶이라고 말하고 싶은 양 압박해 오고 있었다.

인도에는 '배낭의 무게가 여행자의 전생의 무게'라는 말이 있지만 내게 배낭의 무게는 나의 현실적인 걱정의 무게였다. 꼭 필요한 물건들 외에도 여행이 끝날 때까지 한 번도 꺼내 보지 못했던, 불필요했던 물건과 만의 하나를 대비한 물건들이 고스란히 남아 있었다.

무엇보다 무게와 부피를 가장 많이 차지했던 것은 카메라와 노트북이었고, 여행 첫날 델리에서 펼쳐 읽기 시작해서 우연히도 여행 마지막 날 아침에 마지막 구절을 읽을 수 있었던 니코스 카잔차키스의 소설 『그리스인 조르바』도 너무 두껍고 무거운 책이었다. 음식 트러블이 없는 내게 컵라면과 고추장은 고립무원의 장소에 구속될 때나 필요함 직한 물건이었고, 비상약들은 비상한 상황이 없어 자리만 차지한 물건들이 되고 말았으며, 양의 예측을 못해 여유 있게 넣었던 것들은 결국 잉여의 무게가 되고 말았다.

'여행자가 사물을 볼 때 질문이 떠오르지 않으면 흥분도 일어나지 않는다. 여행의 위험은 준비가 되지 않은 상태에서 사물을 볼 수도 있다. 그런 여행에서 얻은 것은 꿸 사슬이 없는 목걸이 구슬처럼 쓸모없고 잃어버리기 쉬운 것이 된다.'

알랭 드 보통은 『여행의 기술』에서 여행자가 정작 준비해야 할 것은 호기심이라고 강조했다. 여행자에게 호기심이 준비되었다면 나머지 것들은 모두 무거운 짐일 뿐이라는 것이다.

　나는 여행에서 얻을 구슬들을 꿸 사슬이 카메라와 노트북 같은 든든한 도구들이고 낯선 환경을 이겨 낼 건강한 내 몸이라고 생각했다. 만의 하나를 대비하는 짐들이 낯선 환경에서 내 육신을 고스란히 보호해 주고, 여유 있게 준비해 간 것들이 내 아둔한 영혼이 두려워하는 부분까지 넉넉하게 채워 줄 것이라고 굳게 믿었다.

　포도나무가 이상적으로 자라는 환경은 상호 존중과 노력 속에서 공존해 나갈 수 있는 곳이라고 한다. 모든 것이 준비되어 있어 일방적으로 보호받는 환경에서는 좋은 포도주를 만드는 양질의 포도나무가 자라지 못한다는 것이다.

　생생하고 진실한 여행을 하기 위해 내가 준비한, 여행 기간 내내 배낭의 부피를 가득 채우고 내 영혼과 육신을 무겁게 눌러온 것들은 내가 일방적으로 보호받고 싶어 준비한 것들이었다. 오히려 여행지에서의 내 삶을 생생하고 진실하게 만드는 건 아니었던 것들이었는지도 모르겠다. 그것들의 대부분은 배낭으로 들어갈 때의 목적과는 다르게 기차를 타기 위해 달려야 하는 내 걸음을 한편에서 억누르고 방해하면서 정작 구슬을 꿰는 사슬이 되지 못했다.

　여행을 마치면서 나는 배낭을 완전히 비우고 다시 짐을 쌌다. 마치 집으로 돌아오는 길을 새로운 여행지로 떠나는 마음처럼 준비해 보고 싶었다. 내가 여행한 곳이 누군가에게는 삶의 터전이듯 내가 사는 곳역시 누군가가 여행을 하는 곳이다.

　그곳 역시 누군가에게는 보호받고 싶은 낯선 환경일 테고, 내 여행지처럼 똑같이 질문을 준비해야 하고, 호기심도 가져야 하고, 짐을 줄여서 상호 존중과 노력으로 공존할 준비를 해야 하는 곳일 터이다. 여행을 준비하듯 짐을 싸면 돌아가는 길이 여행을 떠나는 길로 바뀔 거라고 믿어 보고 싶었다.

　현지에서 사 입었던 옷가지들이 비워 준 공간을 더 많은 무게들이 채웠다. 『걷기 예찬』의 저자 다비드 르 브르통은 "짐은 인간을 말해 준다."라고 했다. 삶을 여행하듯 하면 더없이 좋을 거라던 나의 희망은 허구였고 위선이었다. 내 짐이 그렇게 말해 주고 있었다. 내 바람과 나의 실천은 현실과 이상의 간극처럼 무한대로 넓었다.

　현지에서 구한 가방을 하나 더 어깨에 짊어지면서 나는 『탈무드』의 경구를 위안 삼기로 했다. '하느님은 정당한 사람에게 무거운 짐을 지우신다. 힘센 소와 약한 소 중 어느 쪽에 쟁기를 메우실까?'

　하느님은 아직 그 정도 짐은 질 만하다고 여기시는 것이다. 나이에 비해 아직 힘이 세다고 여기시는 것이다. 누군가는 호기심과 질문을 준비하느라 못 짊어졌을 짐을 대신 질 정도로 내가 건강하다고 여기시는 것이다. 꿸 사슬은 없어도 목걸이 구슬은 구할 수 있다고 여기시는 것이다. 내 영혼도 육신만큼 건강했으면 좋겠다고 안타까워하시는 것이다.

↑ 위험을 감수하는 일만큼 관심을 끄는 일은 없다. (바라나시, 콘크리트 보 위에 드러누운 개)

12

김종욱 찾기

이번 여행이 끝날 즈음에 인터넷에서 가장 많이 본 이름이 '알파고'였고, 여행을 끝내고 한국에 들어와서 가장 많이 들었던 이름이 '유시진'이었다면, 인도 여행 중에 가장 많이 보고 들었던 이름은 '김종욱'이었다.

한국 여행객이 많이 다녀간 라씨 집 벽에도 '김종욱'을 찾았느니, 못 찾았느니 하는 글이 적혀 있었고, 한국 식당에 비치된 방명록에도 인도에 여행 온 목적이 '김종욱을 찾아서'라는 글들이 군데군데 적혀 있었고, 한국 청춘들끼리 나누는 대화에서도 자주 그 이름이 들렸다. 젊은 사람들끼리는 통하는 이름이 내게만 생소해서 그것이 영화 제목이라는 것을 알기 전까지는 연예인 실종 사건 정도로만 알았었다. 왜 하필 인도에서 실종되었는지가 궁금했고, 연예인 이름이 연예인 같지 않아서 이상했다.

영화 〈김종욱 찾기〉를 인도에서 돌아온 지 보름이 지난 후에야 보고, 영화가 왜 '김종욱'을 인도에서 실종시켰는지 알 수 있었다. 영화의 종반부에 인도 배낭여행 중에 만났던 '지우'의 첫사랑을 찾아 나선 '기준'이 인도에 가 보겠다며 자신의 전 직장이었던 여행사를 찾아가서 옛 상사였던 점장(店長)에게 이렇게 묻는다.

"인도가 도대체 어떤 곳이기에 공기도 냄새도 사랑도 10년을 넘게 잊지 못하는 거죠?"

공기도 냄새도 사랑도, 적어도 10년 넘게 기억되려면 그 농도가 지독해야 한다. 공기는 지독하게 탁해야 하고 냄새는 지독하게 역겨워야 하고 사랑은 이루어지지 않은 첫사랑처럼 지독하게 아파야 한다. 그 흔적이 지워지는 데 걸리는 시간이 잊히는 데 걸리는 시간이라면, 10년을 넘게 음각처럼 기억되려면 그 흔적이 10년을 넘게 지워지지 말아야 한다. 기억력이 좋지 않은 사람도 상처는 기억한다고 했다. 아물지 않는 상처처럼 짓무르고 냄새나고 아파야 한다.

인도에서 돌아온 후 잠깐 다녀온 오키나와는 너무 깨끗하고 너무 조용하고 반듯한 도시였다. 새로 포장한 길처럼 매끄러웠고, 잊힌 첫사랑처럼 순탄해 보였다. 그래서 인도에 비하면 그곳의 환경은 흔적이 남지 않는 무색·무미·무취의 도시였다.

누군가 말했다. 척박한 환경일수록 여행자의 스케줄이 겹쳐서 여행하는 남녀끼리 사랑을 할 수밖에 없다고⋯⋯. 또 '오스카 와일드'는 말했다. 인생에서 크나큰 비극 두 가지는 바로 사랑하는 사람을 잃는 것과 사랑하는 사람을 얻는 것이라고⋯⋯.

얼마나 많은 청춘들이 인도를 여행하면서 블루시티 '조드뿌르'만큼 밝은 푸른색의 인연을 만났는지 모르겠다. 영화 속 주인공처럼 10년 후에도 못 잊을 상처 깊은 첫사랑을 했는지 모르겠다. 인도의 척박한 환경에서 사랑하는 사람을 얻는 인생의 크나큰 비극을 경험했는지 모르겠다. 그들이 써 놓은 낙서처럼, 그들의 바람대로 인도에서 '김종욱'을 찾았을지 모르겠다.

내게도 델리의 하늘은 지독하게 탁했고, 바라나시의 골목은 지독하게 역겨웠다. 그 공기와 냄새를 나도 앞으로 10년을 넘게 기억할 수 있을까? '제가 당신을 사랑한다고 말하기 힘들 때조차 고요하고 확신에 찬 마음으로 당신을 기억하게 하소서.' 이슬람 신비주의자들이 읊조리는 수피 기도문의 한 구절을 나도 읊조릴 수 있을지는 모르겠다.

첫사랑을 못 잊는 영화의 여주인공처럼 나도 이 환경을 오랫동안 못 잊을지도 모르겠다. 어쩌면 나도 언젠가 지우처럼 이 땅에서 '김종욱 찾기'에 다시 나설지도 모르겠다.

↑ 무덤의 주인 후마윤은 궁전 도서관 계단에 굴러떨어져 죽었다. 너무 자주 다니다 저지른 실수이거나 평소 안 가 본 길이라 낯설어서 당한 사고이거나. (뉴델리, 후마윤의 무덤)

↑ 여성이 포즈를 취하면 내 카메라는 무조건 그쪽으로 향한다. 인도 격언에 이런 말이 있다지. '진실한 것보다 즐거운 것을 말하는 편이 낫다.' (뉴델리, 후마윤의 무덤으로 오르는 계단에 앉은 여인)

↑ 타지마할에서 극치를 이룬 이슬람 건축 양식은 후마윤의 무덤 양식을 닮은 것이다. 닮은 게 건축 양식뿐만이 아닌 듯 보인다. 후마윤의 무덤은 남편이 죽은 후 아내가 건설하였고, 타지마할은 아내가 죽자 남편이 건설하였다. (뉴델리, 후마윤의 무덤)

13

뭔 걱정이야,
여전히 청춘인데!

새벽 세 시 비행기를 타기 위해 밤 10시에 숙소를 나섰다. 공항철도가 끊어지기 전에 그 편으로 공항에 미리 도착하고 싶었다. '네루'가 즐겨 입었던 인도 전통 의상 '아즈칸(achkan)'을 항상 입고 있었던 숙소 주인은 하루 숙박비의 반값에 체크아웃 시간을 밤 10시까지로 미루어 주었다.

숙소를 나서기 전 그동안 입었던 헐렁한 인도 옷을 벗어 버리고, 마지막 샤워를 마친 후 이곳에 올 때 입었던 옷으로 다시 갈아입었다. 이곳을 떠나야 한다는 아쉬움에 빠하르간즈의 구석구석을 눈에 담느라 저녁 시간 내내 번잡한 거리의 끝에서 끝까지를 몇 차례를 오갔더니, 30℃를 훌쩍 넘긴 델리의 3월 무더위가 온몸을 땀으로 흠뻑 적셔 놓았다.

지금 이 골목의 공기는 처음 이곳에 도착했을 때의 그것과는 사뭇 달라져 있었다. 여전히 탁하고 소란스럽긴 했지만, 처음 보내는 눈길처럼 싸늘하거나 차갑지 않았고 오히려 따뜻하고 포근했다. 나는 오랫동안 이 골목을 걸으며 전장(戰場)을 떠나는 병사의 심정으로 지난 한 달 보름간의 치열했던 소회를 가슴속에 새기고 싶었다.

그리스인 조르바에게 크레타섬의 추억처럼 이곳에서의 나도 '시간은 흘러가면서 달콤한 추억의 독물로 오염되어 갔다'. 그 독물들이 아직도 내 몸속에 남아 있는, 이곳을 낯설어하는 내 마지막 찌꺼기들을 땀구멍을 통해 모조리 배출하고 있었다. 땀에 섞여 몸 밖으로 밀려나온 그것들이 델리의 공기와 만나 화학 결합의 파괴와 생성을 반복하는 마지막 융화를 시도하는 것처럼 느껴졌다.

이 일이 이루어지면 나는 영원히 이곳을 떠나지 않을지도 몰랐다. 이것이 완벽하게 성사되지 못한다 하더라도 지금까지의 완성된 화학 결합만으로도 머지않아 이곳을 다시 찾게 될지도 몰랐다.

공항으로 향하는 마지막 열차 속은 내가 한 달 반 동안 겪었던 인도와는 전혀 분위기가 다른 차가운 은회색의 금속성이었다. 전통 의상인 사리(Saree)처럼 다양하고 화려했던 인도의 무늬와 색깔을 두껍게 차단한 단단한 금속 벽의 공간처럼 보였다. 마치 외부로 나가기 위해 통과해야 하는 기압 조절실 같기도 했고, 다른 세계로 떠나기 위해 이곳의 흔적과 기억을 지워 내는 무균실의 터널 같기도 했다.

열차 칸의 입구에 짐을 두는 랙에는 각이 진 트렁크들이 도열한 병정들처럼 선을 맞춘 채 가지런히 놓여 있었고, 짙은 색 양복을 입었거나 머리가 벗겨졌거나 살이 쪘거나 배가 나온 사람들이 등 간격을 유지하며 대략 한 의자에 한 명씩 앉아 있었다. 경계를 넘어온 사람처럼 후드 티를 입고 벙거지 모자를 눌러쓴 차림은 나 혼자였고, 돌아오기 위해 떠나는 사람들 속에 돌아가는 사람 역시 나 혼자인 듯싶었다. 짐 랙에도 때 묻은 것은 내 50리터짜리 배낭 혼자였고, 서 있는 것들 중에 드러누운 것 역시 내 배낭 하나뿐이었다.

인도에서 보낸 지난 한 달 보름 동안에도 나는 그렇게 '혼자'였다. 혼자였기 때문에 두려웠고 혼자이기에 낯설었고 혼자라서 고독하기도 했지만, 반면에 혼자여서 자유롭기도 했다. 서둘거나 망설이거나 멈추어도 상관없었고, 때론 뜨거운 물처럼 호들갑을 떨거나 얼음물처럼 무감각해져도 문제될 게 없었다. '혼자'라는 것은 다르다는 의미이기도 하고 의존할 상대가 없다는 의미이기도 하지만, 의식할 대상이 없다는 의미이기도 하다.

쏟아지는 총알과 포탄을 맞으며 앞 열이 쓰러지고 다음 열이 또 쓰러져도 무모하리만치 열과 오를 맞추고 대형을 유지하며 집단으로 전진해야 했던 옛날 나폴레옹 시대의 병사들과는 달리 보다 효율적인 각개 전투로 전술을 바꾼 남북전쟁 이후의 전장(戰場)의 병사들은 총알을 피해 빠르게 산개(散開)하는 병사도 있었지만 상당수의 병사들은 머리를 땅에 박고 전진을 멈추고 말았다고 한다. 전장에서도 남을 의식하는 구속이 스스로를 죽음으로 내몰았지만, 그 구속에서 벗어날 수 있었던 혼자일 때는 오히려 두려움의 족쇄에 발목이 잡히고 말았다.

지금까지 살면서 철저히 혼자였던 적은 단 한 번도 없었다. 무인도처럼 철저히 고립되었던 적도 없었고 투명인간처럼 거칠 게 없었던 적도 없었다. 의지할 데가 없었을 때도 의식할 것은 있었다. 하루 중 유일하게 혼자일 수 있는 밤 시간 독방에서조차도 지켜보는 모르는 눈이 항상 곁에 있어서 내 선택을 평가하고 내 행위를 비교할 것 같았다. 어두워서 그 존재를 내가 보지 못할 뿐이라고 여겼다. 알지도 못하는 존재가 내 의식의 중심을 차지하며 항상 곁에서 존재하고 있었던 것이다.

이번 여행이 그런 나의 소심한 영혼을 의식의 구속으로부터 비교적 자유롭게 만들어 주었다. 여행자의 열정이나 호기심이 식거나 잦아들지도 않았고 걸음이 나태해지지도 않았지만, 내 영혼은 주변으로부터 일정 고립되었고 내 결정은 어떤 것에도 거칠게 없었다. 한 달 보름 동안 혼자 여행하면서 여행지에서 만난 사람들은 내가 의존할 수도 없었고 의식하지 않아도 되는 사람들이었다. 나하고 생김새가 다르고 쓰는 언어가 다르고 교감할 문화가 다르고, 무엇보다 다시는 볼 일이 없는 사람들이었다.

자이살메르에서 같은 게스트하우스에 묵으며 나와 같이 사막투어를 했고 이메일 ID가 '푸른 소년'이었던 대학생 철호는 나를 항상 '아버님'이라고 불렀다. 가지네 게스트하우스의 주인인 인도인 가지(Gaji Khan)도 형님이라고 불렀는데 말이다. 델리에서 하루 동안 같이 여행했던, 초등학교 선생님 지연이 나를 선생님이라고 부르면 되겠느냐고 물었다.

"선생님은 너잖아. 선배라고 불러. 인생 선배!"

지연은 몇 차례 "선배님"이라고 부르더니 호칭이 입에 영 익지 않는지 "저~"로 호칭을 바꾸고 말았다. 벙거지 모자로 넓은 이마를 숨겼고 품이 넉넉한 후드 티로 나온 배를 가렸고 탄력 떨어진 얼굴 쪽으로 오는 시선을 뺏기 위해 블루투스 이어폰을 항상 목에 걸고 다녔는데도 말이다.

인도의 곳곳에서 나는 나이 많은 여행객 축에 들었다. 배낭을 멘 여행객 중에는 단연 가장 나이 많은 사람이었다. 배낭을 메고 오기 전까지는 나도 나이가 들어 당연히 그럴 줄 알았다. 구름 뒤에 가려진 하늘같은 궁금한 일에도 호기심이 무뎌졌고, 모르는 여인의 낯선 눈길 같은 가슴 뛰는 일에도 심장의 박동이 잦아든 줄 알았다.

어른이 되면 그래서 그런 유혹을 견딜 수 있고 그래서 어른스러워지는 일은 애쓰지 않아도 되는 자연스러운 일인 줄 알았다. 이마를 숨기고 배를 숨기는 일은 순간의 마술 같은 눈속임일 뿐이고 지나간 청춘은 영원히 다시 만날 수 없는 톱니바퀴 같은 것인 줄 알았다.

그러나 아니었다. 한 달 반 동안 내 심장은 가슴 벅차게 뛰었고 내 호기심은 굶주린 위장처럼 요동을 쳤다. 여느 젊은 친구들 틈에서 그들과 별반 다르지 않는 청춘이라고 여겼고, 때론 의도적으로 그렇게 최면을 걸기도 했다. 적어도 '아버님', '선생님'이란 호칭으로 불릴 때를 빼고는 그렇게 착각했었다.

어른 같지 않은 어른이 되기 위해 그들 사이에서 대화의 심판관이 되지 않으려고 노력했고, 옛날이야기를 먼저 꺼낸 적도 없었다. 좁은 도미토리에 묵는 일도 마다하면서 여행경비를 아끼려고 애쓰는 청춘들의 모습이 가상해서 가끔 같이 먹은 밥값을 내가 대신 계산할 때를 빼고는 단연코 어른 티를 낸 적도 없었다. 오히려 내가 더 '오스카 와일드'가 말한 그것을 아군으로 삼으며 여행지를 누비고 다녔다.

"그대에게는 이 세상에 가장 훌륭한 아군이 있지 않은가! 청춘이라는 벗!"

내 인생의 45일을 이곳 인도에 묻었다. 한국에 있었더라면 그냥 지나갔을 한 달 반이었다. 그저 1년을 채우기 위해 존재했을 45일이었을 것이고, 12개월을 순서대로 줄 세우기 위해 존재했을 2월과 3월이었을 것이다. 그런 기간을 마치 서가에서 뽑은 책 한 권을 사랑하게 되듯 내 인생의 1년에서 떼어내 진심으로 사랑하게 되었다. 내 인생의 긴 회색 울타리 중 노란색이나 푸른색으로 칠이 된 몇 개의 목책처럼 돋보이게 되었다.

마치 3천여 년 전 이 땅의 어딘가에서 최초로 탄소 덩어리 다이아몬드란 걸 캐어냈듯 한동안은 나도 이곳에서 한 달 반 동안 퇴적된 추억들을 캐내며 추억할 것이다. 내 인생에서 가장 빛나는 보석 같은 기간으로 기억할 것이다.

새벽 3시의 깜깜한 인도 하늘에는 아무도 없었다. 45일 전 아무도 나의 잠입을 몰랐듯 지금 나의 이륙 역시 누구도 눈치 채지 못했다. 지난 한 달 보름 동안 나는 인도라는 거대한 무인도에 조난당했었고, 그곳에서 혼자의 힘으로 생존을 했고 몰라보리만큼 강해졌다. 청춘의 모습으로 위장해 살았고 나도 모르는 사이에 그 변장이 내 본 모습으로 변형되어 있었다.

아마 내가 가야 할 곳에서는 이미 세월이 많이 흘러 이런 나를 알아보지 못할 것 같았다. 마치 오랫동안 항성 간을 비행하고 돌아온 우주인의 귀환처럼 세월은 그곳에서만 빠르게 흘렀을 것 같았다. 그곳에서 너무 나이 들었다 싶으면 그때 다시 이곳을 찾으면 원하는 만큼의 세월을 벌 수 있을 것 같았다. 청춘이라는 훌륭한 아군을 다시 얻을 수 있을 것 같았다.

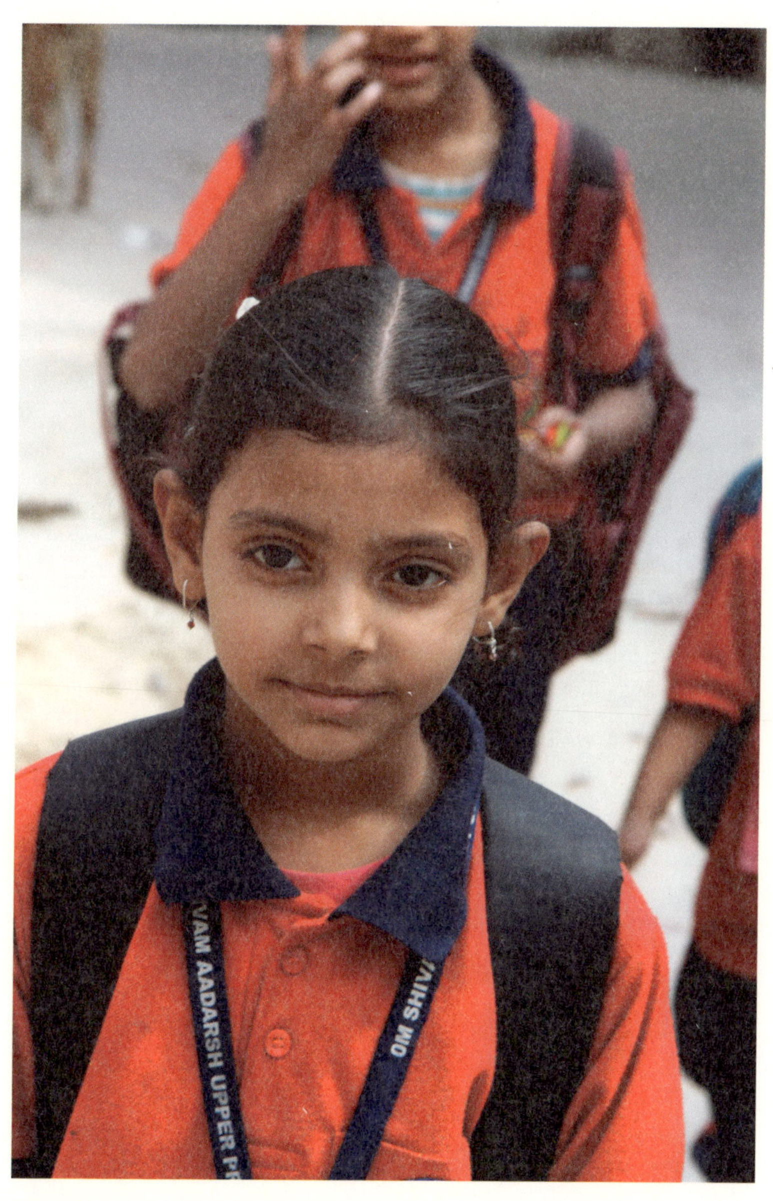

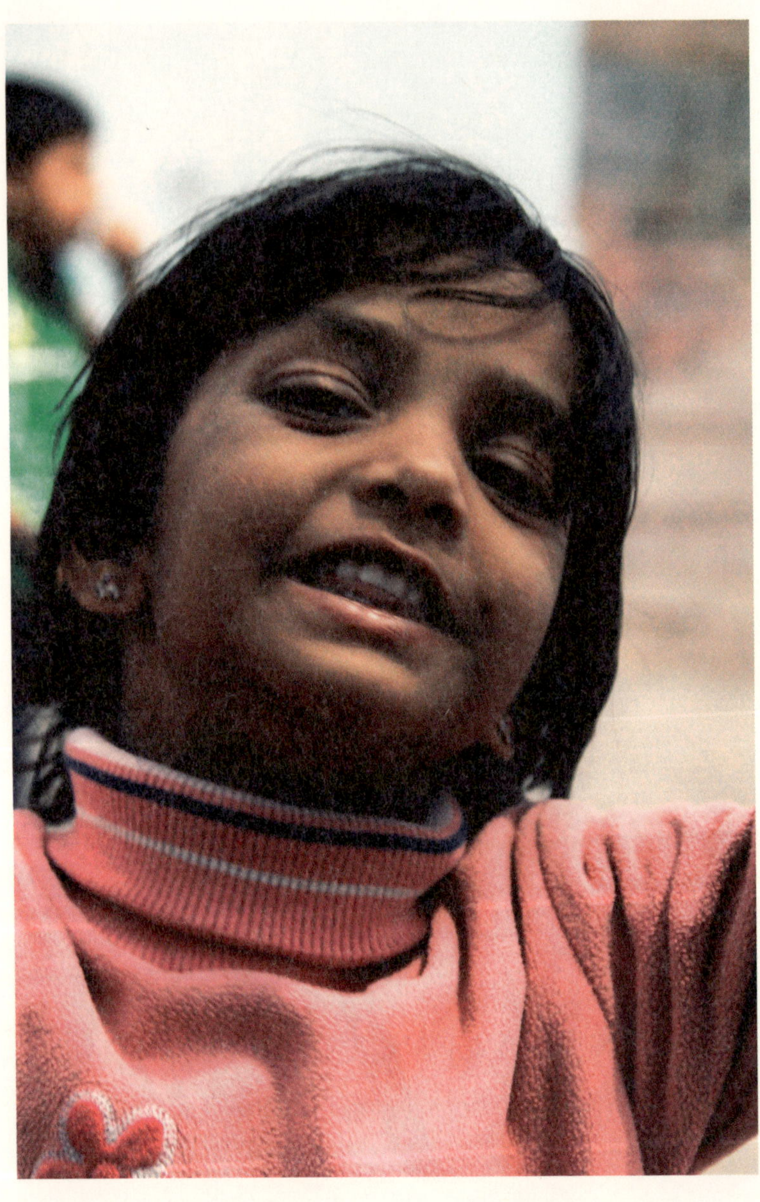

Travel to India

왜 이렇게 늙었어?
왜 이렇게 늦었어?

간절히 원하는 일은 항상 어긋난다. 나한테는 그랬다. 간절히 원하는 일이 이루어져서 그 결과를 만끽하는 상상을 하면, 신기하게도 꼭 그 일은 이루어지지 않고 어긋났다. 그래서 간절한 일일수록 간절하지 않은 척, 외면하는 척하곤 한다. 혹시라도 나도 모르게 상상을 하고 있다면 서둘러서 멈추고 머릿속에서 시작했던 상상을 깨끗이 지워 버리려고 한다.

그러나 동력을 꺼도 가속도 때문에 즉시 멈추지 못하는 기계바퀴처럼 상상을 멈추어도 머릿속에는 여전히 상상의 잔상이 남아 있어 '아, 이 간절한 일은 또 이루어지지 않겠구나.' 지레 포기를 하게 된다. 내가 복권을 안 사는 이유도 그래서이다. 복권을 사면 일확천금을 누리는 상상을 안 할 수가 없고, 그래서 언제나 '꽝'으로 끝날 것이기 때문이다.

내가 인도로 배낭여행을 떠나는 일은 나에게는 간절한 일이었고,

여행을 마치고 무사히 돌아오는 일은 더 간절한 일이었다. 나는 여행을 준비하는 내내 하루도 안 빼고 인도를 누비고 있는 내 모습을 간절하게 상상하고 있었다. 여행을 무사히 마치고 친구들의 부러움을 사며, 가족들의 환영을 받으며 폼 나게 귀국하는 내 모습도 간절하게 상상하고 있었다. 그래서 나는 이 일이 이루어지지 않을 줄 알았다.

나는 운이 좋은 편이 아니다. 매일 아침 베란다 블라인드를 걷으면서 나는 하루의 운세를 점치곤 한다. 블라인드의 두 줄 중에서 단번에 걷는 줄을 당길 수 있다면 운이 좋은 하루일 거라고 믿는다. 두 개 중 하나를 고르는 50퍼센트 확률의 게임이면 적어도 하루걸러 운 좋은 날일 거라고 믿었다.

그러나 결과는 블라인드를 치는 줄을 당기는 확률이 더 높았다. 혹시나 해서 저녁에 블라인드를 칠 때 해 보면 그때는 걷는 줄을 당기는 확률이 더 높았다. 내가 복권을 안 사는 이유도 그래서이다. 복권을 사면 틀린 숫자를 고를 확률이 훨씬 높을 것이기 때문이다. 두 개 중에 하나 고르는 일도 이렇게 성공 확률이 낮은데 45개의 숫자 중에 하나 고르는 일을 여섯 번이나 동시에 성공시킬 리가 절대 없기 때문이다.

설사 간절히 원하는 일이 어긋나지 않아서 내가 인도로 떠날 수 있다고 해도 내 인도 배낭여행은 계획한 대로 성공하지 못할 줄 알았다. 45일 동안 여행지에서 혼자 해야 하는 수많은 선택을 성공시키는 일을, 둘 중 하나를 제대로 못 고르는 내 운으로는 도무지 해낼 수 있을 것 같지가 않았다. 그래서 중간에 포기하고 돌아올 줄 알았다.

그러나 놀랍게도 이번에는 그렇게 간절했는데도 어긋나지 않았고, 좋을 확률이 절반에도 못 미치는 내 운으로 성공을 이루어 낸 셈이다. 그리고 보면 그동안 나의 간절한 상상은 그리 오랫동안 이어진 적이 없었다. 이번 여행처럼 몇 달 전부터 간절하게 상상해 본 적이 없었다. 기껏해야 며칠 동안 상상해 본 것이 고작이었을 뿐이었다. 그마저도 결과를 상상하면 어긋난다는 믿음을 가진 후로는 하다가도 황급하게 중단했다. 그동안 간절히 원하는 일이 항상 어긋났던 것은 어쩌면 그렇게 간절하지 않았기 때문이었는지도 모른다.

블라인드 줄 맞추기로 내 운세를 평가할 수는 없다. 고작 블라인드를 치고 걷는 두 가닥의 끈에 내 운을 맡길 수는 없는 노릇이다. 더구나 여행지에서의 선택은 블라인드 줄처럼 맞는 것을 취하고 틀린 것을 버리는 일이 아니다. 어느 것을 선택하든 다른 경험일 뿐이다. 설사 블라인드 끈이 내 운을 제대로 점쳤다 치더라도 운 좋은 날이 절반에 조금 못 미치는 건 운이 좋은 편에 속하는 거다.

어쩌면 줄을 맞춘 날은 '대박 운이 좋은 날'이었고 못 맞춘 날은 '대박 운 좋은 날'은 아닌 날이었는지도 모른다. 그렇다면 나는 운이 되게 좋은 편인 거다. 이 정도의 운이고 이번 일처럼 간절하게 원한다면, 어쩌면 복권이라도 사 봐야 하는 거 아닌지 모르겠다.

나는 45일 동안 생각했던 것보다 훨씬 멋지게 인도를 누비고 다녔고 상상했던 대로 폼 나게 돌아왔다. 나에게 지난 45일간은 '오말순'이 '청춘 사진관'에서 마법에 걸려 〈수상한 그녀〉 '오두리'로 살았던 기간이었다. 나도 인도라는 마법에 걸려, 배낭여행이라는 마력에 끌려 청춘으로 돌아가 살아 본 기간이었다.

델리에서 만났던 지연도, 승원도, 병곤도, 자이살메르에서 만났던 고등학교 30년 후배 인훈도, 영철도, 바라나시에서 만났던 성민도, 권중사도, 영영도 내가 '오말순'이라는 걸 눈치챘을 리가 없다. 어느 날 밤 술잔을 기울이며 그들이 슬쩍 나한테 불만을 털어놓았던 자신들의 아버지처럼 나 역시 한국에서는 고리타분하고 말이 안 통하는 꼰대라는 걸 눈치챘을 리가 없다. 나를 '오두리'로 알았을 게 틀림없다. 나한테서 그들과 똑같은 젊음을 느꼈을 게 틀림이 없다.

가끔 약속 시간에 늦으면 이런 말을 듣는다.
"왜 이렇게 늦었어?"
나는 이렇게 대답하곤 한다.
"미안해, 시간이 이렇게 지난 줄 몰랐어!"

오랜만에 친구를 만나면 이런 말을 듣는다.
"왜 이렇게 늙었어?"
나는 이렇게 대답하곤 한다.
"미안해, 시간이 이렇게 지난 줄 몰랐어!"

같은 대답을 할 수 있는 것은 같은 질문이기 때문이다. 그래서 '늙었다'와 '늦었다'는 같은 말인지도 모른다. '이미 늙었다'는 '이미 늦었다'는 의미인지도 모른다. 어쩌면 더 늙으면 너무 늦어진다는 경고일지도 모른다.